西南联大名师

国家出版基金项目

人类精神的自由反思者

张翼星 ◎ 编著

云南出版集团公司
云南教育出版社

图书在版编目（CIP）数据

人类精神的自由反思者/张翼星编著.-- 昆明：
云南教育出版社，2011.10
（西南联大名师）
ISBN 978-7-5415-5788-0

Ⅰ.①人… Ⅱ.①张… Ⅲ.①哲学家–列传–中国–现代 Ⅳ.①B26

中国版本图书馆CIP数据核字（2011）第206405号

西南联大名师
人类精神的自由反思者
张翼星◎编著

出 版 人	李安泰
组 稿 人	杨云宝
顾　　 问	沈克琦
	马建钧
责任编辑	邹　滢
整体设计	高　伟
责任印制	张　旸
	赵宏斌

出版　云南出版集团公司 云南教育出版社
发行　云南教育出版社
社址　昆明市环城西路609号
网站　www.yneph.com
印刷　云南新华印刷实业总公司一厂
开本　787毫米×1092毫米 1/16
印张　8.75
字数　156 000
版次　2012年5月第1版
印次　2012年5月第1次印刷
书号　ISBN 978-7-5415-5788-0
定价　16.00元

总 序

历史赋予大学的任务是：传承人类千百年来积累的优秀文化遗产，创造新思想、新成果，培养出一代又一代能为国家乃至世界物质文明和精神文明的发展作贡献的人才。就国家范围看，各个高等学校的定位不同，类型、层次各异，承担的任务也不同，但在各自的领域中都能培养人才，推出成果。研究性大学承担着产生新思想、引领社会发展的重任，要做到这一点，必奉独立的精神、自由的思想为圭臬。

一所好的大学应拥有一批学术造诣深厚、富于创新和奉献精神的大师，通过他们的言传身教，形成学校优良的学术传统与学风。这种传统与学风的形成不但需要经过几代人的努力，同时还需要有一个良好的外部环境。这些外部环境包括：一套有利于学校自主发展的规章制度，一个宽松的学术环境。除此而外，学校主管领导服膺教育和科学发展的规律，按规律办事，不搞瞎指挥、追政绩、胡批判。只有如此，才能产生活跃的思想，才能聚拢一批敬业求真、严谨求实、相互尊重、和谐共事的同仁，为着一个共同的目标努力工作。由此可见，办好一所大学，外部环境与内部因素缺一不可。

国立西南联合大学是我国高等教育史上一颗璀璨的明珠。她的成就为我国学术界所公认，国际学术界也不乏赞誉之声。虽然西南联大仅存在了九个学年，且处于十分艰苦的战时条件下，能取得出色的成绩实有赖于北京大学、清华大学、南开大学三校的优良传统与学风，以及一批优良学风的传承者——优秀的教育家和大师。

西南联大在培育人才和科学研究方面成绩十分突出。据统计，西南联大的本科生、研究生和教师中，后来获得诺贝尔物理奖者有2人（杨振宁、李政道）；获得国家最高科技奖者有4人（黄昆、刘东生、叶笃正、吴征镒）；获得"两弹一星"功勋奖章者有8人（郭永怀、陈芳允、屠守锷、朱光亚、王希季、邓稼先，以及赵九章教授、杨嘉墀助教）；被评为中国科学院、中国工程院院士者有107人，另有4人被迁台的中央研究院评为院士（王宪钟、朱汝瑾、王瑞骃、刘广京）。1955年以后中国科学院停止了哲学、社会科学部学部委员的评选，否则出自西南联大文学院、法商学院的许多优秀人才也会进入这个行列。在科学研究方面，虽然受战时条件的限制，但文、理、法、工各科研究未曾中断，发表、出版论文著作数百篇（种），华罗庚、周培源、吴大猷、陈寅恪、汤用彤、冯友兰等人的研究曾在教育部学术评议活动中获一等奖。科学研究既包括传统学科的基础理论研究，也包括应用研究。工科的研究能结合战时的需要，生物、地质、社会等学科还就地开展资源和人文的调查研究，对云南省的开发与建设作出了重要贡献。

优良传统与学风的形成与三校的历史息息相关。北京大学的前身是1898年戊戌变法时成立的京师大学堂，这是我国第一所现代教育意义上的大学。我国文、理、法三方面的大部分学科是北京大学首先建立的。1917年蔡元培接任校长后，扫除旧风旧习，创新风、新制、新学，提倡学术自由，兼容并包，使学风丕变，引领全国。蔡元培到校后组织教授会、评议会，实行民主办学、教授治校，始终不辍。哥伦比亚大学博士蒋梦麟先生襄助蔡校长，后又接任校长，"蔡规蒋随"使北大的优良传统和校风得以赓续。

清华大学的前身是1911年成立的清华学堂，源于美国减赔退回部分庚子赔款之举。1907年清政府与美国达成协议，减少赔款，本利合计减赔款额2792万美元。双方商定此款项自1908年起按计划逐年（至1939年为止）由中方先付给美方，再由美方签退，专款专用，由共设的委员会管理，用于派学生赴美留学。1908年、1909年派送两批后，为使学生赴美能顺利就学，于1911年设立清华学堂（1912年更名为清华学校），对拟派出的学生先培训，再派出。毕业生抵美后经审查甄别可直接插班入大学学习。清华学校的性质决定了其教学应与美国大学衔接。1925年清华学校设大学部，培养四年制本科生。后清华留美预备教育逐步取消，庚款留美学生在全国范围内举行考试选拔。大学部成立后，不少留学生学成归来任教清华，使得清华很快就位于国内高校前列。梅贻琕两度赴美，先后获学士、硕士学位。他曾任清华大学教务长（1926年）、清华留美学生监督（1928年），1931年任校长。他洞悉美国教育及留学生情况，延聘良师，亦取教授治校的方针，组织评议会、教授会。清华有专项经费的保证，有派遣留学生之便利，优秀中学生争相报考，蒸蒸日上之势为国内所少见。

南开大学是教育家张伯苓创办的一所私立大学。他首先创办敬业中学堂（南开中学前身），梅贻琕就是敬业中学堂首届毕业生。张伯苓创办南开中学十分成功。创办前访日考察教育，后又为办大学两次赴美考察。1919年南开大学成立，张伯苓任校长。1928年张伯苓第三次访美考察高等教育并募款。他为办好南开大学殚精竭虑，成绩斐然。1937年南开大学已成为拥有文、理、商、经4个学院，15个系，学生500余人的一所具有特色的私立大学。

1937年7月7日"卢沟桥事变"后，7月底平、津先后陷落。8月28日教育部决定由三校联合组成长沙临时大学，并指定三位校长任长沙临大筹委会常务委员。梅贻琦立即赴湘落实建校任务，11月1日即开学上课。由于战火逼近武汉，1938年2月长沙临时大学决定西迁昆明。4月教育部电令，长沙临大更名为国立西南联合大学。因昆明校舍不敷应用，文学院、法商学院在蒙自分校上课一学期。1938年8月增设师范学院。1940年因日寇占安南（现越南），昆明吃紧，为防万一，于四川叙永设分校，一年级新生和先修班学生在叙永上课两学期。1941年后全校师生始稳居昆明。1946年西南联大宣布结束，三校北返。自1937年起学校几度播迁，师生艰辛备尝，均赖"刚毅坚卓"（校训）的精神顺利克服。

联大迁昆后全校校务主要由梅贻琦常委主持，蒋梦麟、张伯苓两位常委因在渝另有任务，遂派代表参加常委会。当时学校的一切重大事项均由常委会决定，遇有需向当局请示之事，蒋、张二人在渝折冲。

三校原来就有密切的合作关系，有共同的教育理念，三校校长都是深谙高等教育规律的教育家，在本校均有很高的威望。因此，三校的联合可谓珠联璧合，相得益彰。三位常委相互信任，合作无间，与联大师生一起继承和发扬三校的优良传统和学风，共同谱写了我国高等教育史上的光辉篇章。

西南联大全校共设5个学院，26个系。

文学院：中国文学系、外国语文学系、历史学系、哲学心理学系。

理学院：算学系、物理学系、化学系、生物学系、地质地理气象学系。

法商学院：政治学系、经济学系、法律学系、商学系、社会学系。

工学院：土木工程学系、机械工程学系、电机工程学系、航空工程学系、化学工程学系。

师范学院：国文学系、英语学系、数学系、理化学系、史地学系、公民训育系、教育学系。

西南联大继续秉承"民主办学、教授治校"的方针，《教务会议致常委会文》和《训导处工作大纲》充分体现了教授们的办学思想。

1939年教育部连下训令三件，对大学应设课程、成绩考核均作详细规定，并要求教材呈部核示。联大教授对此颇不以为然,给常委会发文,请转呈教育部。大意摘录如下:第一,"夫大学为最高学府,包罗万象,要当同归而殊途,一致而百虑,岂可以刻板文章,勒令从同。世界各著名大学之课程表,未有千篇一律者,即同一课程各大学所授之内容亦未有一成不变者。惟其如是,所以能推陈出新,而学术乃可日臻进步也。如牛津、剑桥大学,在同一大学之中,其各学院之内容亦各不相同,彼岂不能令其整齐划一,知其不可亦不必也"。第二,"教育部为最高教育行政机关,大学为最高教育学术机关,教育部可视大学教学研究之成绩,以为赏罚殿最,但如何研究教学,则宜予大学以回旋之自由"。文中认为,教育部有权,大学有能,"权能分治,事乃以治","权能不分,责任不明"。第三,"当局时有进退,大学百年树人,政策宜常不宜变"。不能因部中当局之进退,朝令夕改。第四,"教育部今日之员司,多为昨日之教授,在学校则一筹不准其自展,在部中则忽然智周于万物,人非至圣,何能如此"。第五,全国公私立大学程度不齐,教育部欲树一标准,亦可共谅,但西南联大承三校之旧,均有成规,行之多年,"纵不敢谓极有成绩,亦可谓当无流弊,似不必轻易更张"。呈文送上后,教育部未下文批评,只表示收到此文,默认西南联大可照旧行事。实际上西南联大一门课程可由几位教授讲授,内容不一,百家争鸣,优点十分突出。

在育人方面,西南联大亦有独特之处,抵制党化教育,采取教书育人、启发引导之法。1939年11月7日《训导处工作大纲》中规定:"本校训导方法,注重积极的引导,行动的实践;对于学生之训练与管理,注重自治的启发与同情的处理,以期实现严整的生活,造成纯朴的风气。""目标是:其一,力求北大、清华、南开三校校风之优点在联大有表现机会;其二,就学生日常团体生活,培养互助为公之团体精神;其三,促进学生对于时代的觉悟,与对于青年责任之认识,以增强其参加抗战建国工作之志向与努力。"大纲还强调"注重学校事务之教育价值",大学教务、训育、总务等各个部门都应担负育人之责。基于以上原则,学校对学生的管理侧重引导、培养,而不是"管"和"罚",提倡自治,提倡开展社团活动(学生组织学术性、政论性、文艺性的壁报社,组织体育会、歌咏队、剧艺社、诗社等等,只要学生提出事情,且聘请一位教授任导师,训导处一律予以批准)。因此,校园气氛十分活跃,学生的德、智、体、群各方面得到全面的培养。

传承和发扬三校优良传统和学风的主体是教授。曾在西南联大各系担任过教授职务的有269人。三校教授汇聚一堂，加上抗战时期从国外学成归来的青年学者，形成了一个老中青结合、人才济济的群体。在他们之中有学富五车的国学大师，有在国外留学多年、学术造诣深厚的学者，有我国近代科学和高等教育的奠基人及各学科的带头人，有掌握国外科学前沿知识、学成归国的青年教授。这样一批人登上西南联大的讲坛，联大学子在他们的言传身教下耳濡目染，加上本人的勤奋努力，人才辈出是顺理成章之事。

云南教育出版社组织出版"西南联大名师"，以学科为单位扼要介绍各位教授的生平、学术成就、育人贡献及道德风范，我认为是一项很有意义的事。近年来，社会上赞扬西南联大，倡导学习西南联大者甚众，这一书系为此提供了具体生动的教材。鉴于西南联大的教授在校时间差异很大，成就大小亦不相同，有些原始资料收集难度很大，因此，书系中未能收录所有教授。在入选的教授中，各篇文章的篇幅并未强求一致，只要言之有物、符合史实即可，这也是秉承西南联大的一贯作风。

沈克琦

西南联大北京校友会会长

原北京大学副校长

西南联大物理系1943届毕业生

2011年1月6日

金岳霖　冯友兰　汤用彤　贺　麟　沈有鼎
陈　康　洪　谦　王宪钧　郑　昕　冯文潜

目　录

前　言 / 1

金岳霖：中国现代逻辑之父 / 5
一、阐幽探微、上下求索的金岳霖先生 / 5
二、怀念金岳霖老师 / 17

冯友兰："新理学"和"中国哲学史"的创建者 / 26
一、生命不熄、薪火承传的冯友兰先生 / 26
二、冯友兰先生与西南联大 / 37

汤用彤：中国佛教思想史和魏晋玄学的拓荒者 / 46
一、不激不随、至博至大的汤用彤先生 / 46
二、忆在昆明从汤用彤先生受教的日子 / 56

贺　麟：中西交融的"新心学"创立者 / 62
一、著译交辉、中西互融的贺麟先生 / 62
二、贺麟先生在西南联大时期的哲学探究 / 68

沈有鼎：沉迷于逻辑思维的怪杰 / 80
一、纯朴、无邪、沉迷学问的沈有鼎先生 / 80
二、沈有鼎先生的贡献 / 88

陈　康：希腊哲学的中国探究家 / 96

洪　谦:"维也纳学派"的中国成员／101

王宪钧:"符号逻辑"的中国倡导者／111

郑　昕:康德哲学的热心诠释者／122

冯文潜:执着于教书育人的美学教授／126

后　记／131

金岳霖 冯友兰 汤用彤 贺 麟 沈有鼎
陈 康 洪 谦 王宪钧 郑 昕 冯文潜

前　言

在抗日战争时期极其艰难的条件下，西南联大取得的卓越成就无疑是中国现代教育史上的一个高峰。它可借以反思和激励当今现实的方面甚多。值得注意的是，近代以来在国际范围并不引人注目的中国哲学界，却在西南联大时期兴起一个高潮，写下中国现代哲学史上颇显辉煌的一页。作为人类精神反思的哲学，它的建树和兴盛，与其他学科相比较，更需磨砺与积淀的时光。如黑格尔所说，猫头鹰在黄昏时起飞，往往是晚成的。然而，在西南联大短暂的八年里，却以相当活跃的姿态，既培养了大批日后成为理论骨干的优秀人才，又凝练出一批自成体系的理论精品，蜚声中外，影响深远，不能不令人惊叹。

西南联大在学术成果和育才效率上出现奇迹的原因之一，是名师云集和独特的社会历史条件。当时，地处华北地区的北京大学、清华大学、南开大学，均是国内师资力量较强的名校。抗日战争爆发后，三校肩负着振兴国家的使命被迫南迁，先在湖南长沙组成临时大学，随着战事的西移，后又在云南昆明办学，更显师资优势。无论文科、理科，各院系的教师大都学问渊博，德艺双馨，且在知识与年龄上呈现结构合理，有利于互补和接替的优化阵容。

当时，西南联大哲学心理学系哲学组的教授有：金岳霖、冯友兰、汤用彤、贺麟、沈有鼎、洪谦、陈康、冯文潜、郑昕、王宪钧、容肇祖、石峻、齐良骥等。可谓硕学鸿儒，齐聚一堂，几乎囊括了近现代中国哲学领域的佼佼者。他们中最大的不过50岁出头，最小的不到30岁，大多数在30岁~40岁左右。他们中有兼通中西哲学、独创完整哲学体系的哲学家、最早在我国系统讲授现代逻辑的逻辑学家金岳霖先生；有独创"新理学"哲学体系，出版第一部完整中国哲学史的哲学家、哲学史家冯友兰先生；有现代中国学术史上会通中西、接通华梵、熔铸古今的国学大师汤用彤先生；有"新心学"创建者贺麟先生；有学贯古今、融会中西的哲学家、逻辑学家沈有鼎先生；有精通西方哲学中的维也纳学派、逻辑经验主义专家洪谦先生；有对柏拉图与亚里士多德哲学颇有研究的陈康先生；还有从事康德哲学研究30余年的郑昕先生，现代逻辑学家王宪钧先生，西方哲学和美学专家冯文潜先生。

如此优异的师资队伍和强大的学术阵容，在国内的大学里是空前的。这无疑是教学质量、学术水平、人才素质的有力保证，也是繁荣学术、孕育重大学术成果的有利条件。

西南联大在学术成果和育才效率上出现奇迹的原因之二，是联大师生刚毅坚卓、自强不息的民族精神，以及在特殊时期西南联大的时代特征和人格风骨。虽然，他们之中许多人政治立场不同、学术观点各异，但都有"抗战必胜、民族必兴"的共同信念。正如西南联大校歌中所唱的"千秋耻，终当雪。中兴业，须人杰""多难殷忧新国运，动心忍性希前哲"，正是这种同仇敌忾，复我河山，振兴中华的决心和毅力使得西南联大师生团结一致，开拓进取，把西南联大办得红红火火，取得了学术上、文化方面的惊人成就。

西南联大在学术成果和育才效率上出现奇迹的原因之三，是兼容并包、思想自由的民主风尚。在西南联大的纪念碑碑文中把这个方面表述得尤为充分："万物并育而不相害，道并行而不悖，小德川流，大德敦化，此天地之所以为大。斯虽先民之恒言，实为民主之真谛。"在西南联大不仅任何学派、观点不受压制与束缚，教授们还可跨系开课，举办各种学术讲座，自由地发表学术见解。甚至同一门课程可以由不同教授在同时或先后开设。哲学系研究或涉及西方哲学的教师甚多，这里包容了众多的学派，如新实在论、新康德主义、新黑格尔主义、维也纳学派等等（有些学术观点是相互对立的）。像中国哲学史，虽然一直由冯友兰先生主讲，但所建立的体系和派别，除冯友兰的"新理学"以外，也还有贺麟先生的"新心学"，熊十力先生的"新唯识论"等。不同的学术派别和观点，皆可自由讲授或发表，不受任何干涉和限制。教授之间，还可互相听课，甚至当场就不同的观点展开争辩。沈有鼎先生学识渊博，并喜欢听别人的课，有时会在课堂上直率地提出不同见解，虽略显唐突，却也活跃了课堂教学。所有这些学术自由的环境与景象，既是学术、文化繁荣发展的沃土，也极有利于学生的比较、选择和独立思考，有利于创造性人才的成长和涌现。因此，西南联大八年的时光，是中国现代一批著名哲学家理论创造活动最为活跃、最见成效的时期。

以上所述三个方面的原因，是综合的相辅相成的作用。这里有某些特定的历史因素。聚集在西南联大的师资队伍是一个以天下为己任，怀着民族自尊自强的思想传统，又多半受过西方先进文化熏陶的知识分子群体，加上当时的昆明地处抗日战争大后方之一隅，离政治中心较远，云南地方当局宽松的政治氛围，便于形成"民主堡垒"，得以实现学术的民主与自由，这是客观的有利形势。从主观方面说，当时以梅贻琦等人为代表的校方和各院、系领导，他们本就是这个知识分子群体的中坚力量，更能自觉地接过"五四"新文化运动的科学与民主的旗帜，遵循"独立之精神，自由之思想"的要义，在教育和学术、文化领域延续和弘扬。

本书回忆、叙述的是西南联大十位哲学名师的生平事迹，虽着眼于西南联大，又不限于西南联大，更多的是对他们生平的一种比较全面的回顾。从中不但可以了解他们教学和治学的丰富阅历，体味他们学术和理论的创造性成果，而且可以窥见他们特异的精神风貌和人格魅力。他们学而不厌、诲人不倦，严于律己、宽以待人，以及身教重于言教的风范，是他们的共性，但又各有鲜明的个性、特点，给我们的印象至深。为了追求真理，他们的治学态度是极其严谨、认真的，同时坚持学术品格的独立和自由，这是他们取得创造性成果的基本保证，也是最值得我们学习的地方。我觉得他们是真正的名师、大师，这种名副其实，不是由于某种政治需要，不是官方封的，不是为了营造宣传气氛而由媒体捧出的，也不是为了张扬业绩而按名额"评选"出的。他们在长期的教学与学习实践中，经过严肃、刻苦的磨砺，在特定学科领域逐步融合中西、贯通古今的创新探索中培育出一批又一批的人才，他们是教育界和学术界公认的大师。

本书在编写中编录了几位对大师们比较熟悉或有研究的学者的文章，在此向他们表示感谢。

另外，熊十力先生虽曾列入西南联大哲学心理学系的教师编制，但实际上并未到校授课，故未将他的事迹编入本书，特作说明。

张翼星
2010年9月

金岳霖：中国现代逻辑之父

金岳霖

金岳霖（1895～1984），字龙荪，湖南长沙人。1895年7月14日生，1914年毕业于清华学堂，同年赴美留学。1920年获哥伦比亚大学政治学博士学位。1921年后游学英国、德国、法国、意大利等国。1925年回国后历任清华大学、西南联大哲学系教授、系主任，文学院院长。1952年起任北京大学哲学系教授、系主任。1955年后任中国科学院哲学研究所副所长、研究员，并任中国科学院学部委员、中国逻辑学会会长、国务院学位委员会委员。1956年加入中国共产党。曾当选为第三届全国人民代表大会代表，全国政协第二、三、五、六届委员，中国民主同盟中央常务委员。1984年10月19日在北京逝世。

一、阐幽探微、上下求索的金岳霖先生

在今天，形式逻辑已成为每一所大学讲堂上极普通的一门课程，人们对判断、推理、三段论式等字眼不再感到陌生。可是，在20世纪20年代的中国，却没有几个人弄得懂这门学问。北京大学哲学系初建时，竟聘不到一位能讲授逻辑学的教师，这门学问被视为畏途。但有一位勇敢的开拓者，几经艰辛，终于把畏途化为坦途，他就是金岳霖教授。20世纪被哲学史家称为"分析的时代"，分析哲学也是中国现代哲学论坛上的一支劲旅，而率领这支劲旅驰骋奔腾的领袖就是金岳霖教授。他勤

于思考，勇于创新，在中国学术界辛勤耕耘了半个多世纪，在本体论、认识论、逻辑学等领域均有重大的创获和建树。他沉潜在思维的底层，洞隐发微，为中国现代的学术宝库增添了许多瑰宝。他的一生，是清白正直的一生，是学术上独辟蹊径的一生，是不断进取、追求真理、锲而不舍的一生。

（一）游学古今中外

金岳霖生于湖南省长沙市一个官宦家庭。他的父亲是一位有维新思想的官员，热心投身于洋务运动，先在湖南为官，后调到边陲黑龙江省漠河金矿任总办，主持金矿开采事务。在一次沙俄军队入侵的战事中，他被掳到彼得堡。他经营的事业同洋务运动一样半途夭折了。被释放后他带着惆怅返回故里长沙。

湖南是晚清维新思潮最活跃的省份之一，这样的思想氛围对金岳霖的成长自然有极大的影响。他自幼受到两种文化的教育：一种是西学的濡染；另一种是传统文化的熏陶。他秉承渊源家学，熟悉四书五经，擅长作对联，常常与哥哥及其他小朋友在一起作对联，调侃取乐。他经常浏览报刊杂志，从中汲取新知识。

1911年，在辛亥革命的前夕，金岳霖以优异的成绩毕业于长沙雅礼中学。他离开家乡，考入北京刚刚创办的清华学堂（清华大学的前身）。这是清政府外交部利用美国"退还庚款"办的一所学校，专门培养赴美留学的预备生，学制八年，毕业时相当于大学一二年级，然后到美国大学插班读学士学位。金岳霖是清华学堂首批录取的学生之一。首批录取的学生共468名，文化程度参差不齐，只好分开来编班，其中3/5编入中等科，2/5编入高等科。金岳霖入学考试成绩较好，被编入高等科。

清华学堂（辛亥革命后改为清华学校）是按照美国教育模式办的学校。金岳霖在这里接受着典型的欧美式现代教育。为了适应将来出国学习的需要，他对英语的学习抓得很紧，每天用大量的时间进行读、听、写、译等练习，打下了良好的功底。此外，他还学习了自然科学、社会科学以及所谓"人文科学"，其中包括数学、物理、化学、政治、经济、美国史、英国文学、西方文化和第二外国语等课程，这样的知识结构为他后来从事哲学研究打下了良好的基础。金岳霖学习刻苦努力，头脑机敏，成绩优良。当时，他对逻辑学很感兴趣。中国有句谚语是"金钱如粪土，朋友值千金"，意思是说朋友之间的友谊比金钱还珍贵。对于这条谚语，大家经常引用，习以为常，没有发现有什么说不通的地方。有一天，金岳霖忽然对这条谚语产生了疑问。他发现，这句话在逻辑上经不起推敲，存在着明显的破绽，并不能说明友谊比金钱还珍贵。他分析说，若把这两句话当做前提，那么从中得出的结论应该是"朋友如粪土"！刚好同大家通常理解的意思相反。因为"金钱"与"千金"可以视为同一个概念，既然"粪土"与"朋友"分别与这一概念等值，那么依据传递关系，"朋友"自然应与"粪土"等值了。同学们听了他的分析，不能不表示由衷地佩服。从这件事可以看出，学生时代的金岳霖就表现出很高的逻辑学天赋，他能够在别人感到没有问题的地方发现问题。

  1914年，年仅19岁的金岳霖从清华学堂高等科毕业，渡过浩瀚的太平洋，到美国宾夕法尼亚大学求学。亲友们告诉他：美国是商人的世界，所以到美国留学最好学习经商，掌握生财之道。听了亲友的劝告，他选学了经济学专业。学了一段时间，他越来越觉得乏味，怎么也引不起兴趣来，只得改弦更张转学政治学。1917年他在宾夕法尼亚大学本科毕业，获学士学位。此后，他又考入哥伦比亚大学研究院读研究生，继续学习政治学，1918年获硕士学位。1920年他在邓玲教授的指导下，完成博士论文《论格林的政治思想》，并顺利地通过毕业论文答辩，拿到博士学位。英国学者格林不仅是一位政治学家，而且也是一位哲学家，是位著名的新黑格尔主义者。金岳霖在研究格林的政治思想的过程中，不知不觉地对哲学产生越来越浓的兴趣，以至于不能自已。他的治学方向渐渐地由政治学转到哲学，同哲学结下不解之缘。拿到博士学位后，他对政治学反倒淡漠了。他不想成为一名政治家，而想成为一名哲学家。为了深入研究欧洲哲学，他离开美国，到英、法、德、意等国游学。他在《论道》一书的"绪论"中这样回顾自己在学习哲学时所经历的思想转变过程：

  我最初产生哲学上的兴趣是在民国八年的夏天。那时候我正在研究政治思想史，我在政治思想史的课程中碰到了 T. H. Green（格林）。我记得我头一次感觉到理智上的欣赏就是在那个时候，而在一两年之内，如果我能够说有点子思想的话，我的思想似乎是徘徊于所谓'唯心论'底道旁。民国十一年在伦敦念书，有两部书对于我的影响特别的大，一部是罗素的 Principles of Mathematics（《数学原理》），一部是休谟的 Treatise（《论》）。罗素的那本书我那时虽然不见得看得懂，然而它使我想到哲理之为哲理不一定要靠大题目，就是日常生活中所常用的概念也可以有很精深的分析，而此精深的分析也就是哲学。从此以后我注重分析，在思想上慢慢地与 Green 分家。休谟的 Treatise 给我以洋洋大观的味道，尤其是他讨论因果的那几章。起先我总觉得他了不得，以后才发现，他的毛病非常之多。虽然如此，他以流畅的文字讨论许多他自己所无法解决的问题，一方面表示他的出发点太窄，工具太不够用，任何类似的哲学都不能自圆其说，另一方面，也表示他虽然在一种思想的工具上自奉过于俭约的情况之下，仍然能够提许多的重大问题，作一种深刻的讨论，天才之高，又使我不能不敬服。

金岳霖清晰地描绘出他思想变化的轨迹：最初比较欣赏格林的新黑格尔主义哲学，可又无法接受格林的内在关系学说。告别格林后他转向罗素的分析哲学和休谟的经验论，尤其是休谟，更能博得他的敬意。不过，他很快发现休谟哲学也有问题。第一，休谟把因果律说成"习惯的联想"，无法解释因果律的必然性；第二，休谟回避知识的外在来源，无法担保知识的确实性；第三，休谟把知识仅仅归结为知觉，没有正确地说明概念在认识过程中的作用和地位，"思想的工具过于俭约"。

休谟哲学存在的问题长时间地困扰着他，使他陷入深沉而痛苦的思考之中。同时，这些问题又像一把钥匙，打开了金岳霖哲学思维的心扉。最终，他冲破休谟经验论的樊篱，转向了穆尔和罗素的新实在论，找到了新的哲学天地。穆尔曾撰写《驳斥唯心主义》，发起有名的"反叛唯心主义"运动。在穆尔的影响下，金岳霖摆脱了格林新黑格尔主义思想的纠缠。他在《知识论》一书中批评"唯主出发方式"，对主观唯心主义的看法同穆尔大体相似；他还在《哲学评论》上发表《外在关系》一文，批评格林的内在关系说，表示赞成穆尔的外在关系说。当时哲学界的同行戏称金岳霖是"中国的穆尔"。金岳霖拜访过罗素，同他在一起交流学术思想。罗素的逻辑分析方法、摹状词理论、共相独立的观点对他的启发很大。新实在论对金岳霖的影响确实比任何哲学都大，不过，他并没有照搬照抄这种哲学。他是一位善于独立思考、具有原创力的哲学家，理论上有许多创新之处。贺麟先生在《当代中国哲学》一书中曾中肯地评论说："金先生及冯先生虽多少受了些英、美现代新实在论的影响，然而他们主要的志趣，是在于自己创立哲学系统。"

金岳霖留学欧美十多年，可是从未忘掉自己的"根"。他十分关心中国传统文化的命运，很喜欢诗歌和绘画，对中国古典艺术有很高的鉴赏力，颇能领悟其中特有的韵味。北京大学邓叔存（即邓以蛰）教授家里收藏着许多中国画的珍品，金岳霖经常到邓先生家观赏、玩味，一饱眼福。在中国哲学家当中，他最喜欢庄子。他心目中的庄子既是一位大哲学家，又是一位大诗人。冯友兰先生同金岳霖在一起共事多年，他对金岳霖的评论是"金先生的风度很像魏晋大玄学家嵇康"，"'越名教而任自然'，天真浪漫，率性而行；思想清楚，逻辑性强，欣赏艺术，审美感高"。

1943年，金岳霖用英文写了一篇论文，题目是《中国哲学》，自己印成油印本，赠送给同行，以文会友。这篇文章不算长，但是他多年来研究中国哲学的心得，其中有许多精辟独到的见解。他认为，中国哲学的第一个特点是逻辑和认识论的意识不发达。"中国哲学没有打扮出理智的款式，也没有受到这种款式的累赘和闷气。"不过这并不影响中国哲学的原创精神。正因为中国哲学没有受到"理智款式"的限制，才特别适宜发挥独创力，形成生动活泼的风貌。中国哲学的第二个特点是倡导"天人合一"。所谓"天人合一"，就是主体融入客体，或者客体融入主体，实现二者根本上的同一。这是一种泯除一切差别、个人与宇宙不二的玄妙的精神境界。由于这一特点，使中国哲学没有像西方哲学那样把人与自然分隔开来，也没有导致"彰明昭著的人类中心论"。在中国哲学中，人与自然的关系是和谐的，而不是对立的。中国哲学的第三个特点是强调哲学与政治合一，强调个人不能离开社会而生活。中国哲学家往往集伦理、政治、反思与认识于一身，也就是同他的哲学合而为一。金岳霖认为这是中国哲学的优良传统。他指出，倘若"哲学家与哲学分离"，那就会"改变了哲学的价值，使世界失去了绚丽的色彩"。

金岳霖对中国哲学的特点所作的概括是否恰当，我们姑且不论，但至少反映出他对中国哲学所采取的学术立场。他既不像国粹派那样盲目吹捧，也不像西化派那样鄙薄固有。他解剖中国哲学抱着一个明确的目的，就是努力探索中国哲学实现现代化的道路。他有意识地把哲学研究的重点放在逻辑学和认识论方面，显然有取西方哲学之长补中国哲学之短的用意。他很重视哲学的民族性，努力提炼中华民族的中坚思想，挖掘表现这一中坚思想的最崇高的概念，捕捉最基本的原动力。他主张对于哲学的民族性，不仅要求得理智的了解，而且要求得情感的满足，这正是他从事哲学研究的重要指导思想。他在写作《论道》一书时，除自创能、式等范畴外，大量地使用诸如道、无极、太极、几、数、理、势、情、性、体、用等中国哲学传统范畴，这使他的哲学表现出浓烈的中国味道。他把这种写法叫做"旧瓶装新酒"，刻意追求传统与现代的融会贯通。

（二）执教清华

1925年，金岳霖结束十几年的留学生活，回到祖国。他被母校清华大学聘为教授，从此开始了数十年的教书生涯。

他最初开设的课程是政治学和西方政治思想史。没过多久，讲逻辑学的赵元任教授因故不能再担任这门课的主讲了，校方请金岳霖接替赵元任的教职。金岳霖深知这不是好教的一门课程，况且自己也不是学逻辑学专业的，能行吗？他心里没有底。尽管如此，他还是接受了这一教职。凭着特有的逻辑学天赋，他开动脑筋，刻苦钻研，一边学一边教，居然顺利地完成了教学任务。他越教越感到兴味，竟深深地爱上了逻辑学专业。为了提高业务水平，他再次渡过太平洋，到美国哈佛大学进修。他在谢非教授的指导下，扎扎实实地钻研了一年逻辑学。

1926年，金岳霖受校方委托组建清华大学哲学系。刚刚成立的哲学系只有他一名教授，也只招到了一名学生，一师一生，号称一系。金岳霖的开山弟子就是沈有鼎先生。他不负众望，后来也成为我国著名的逻辑学家。金岳霖为学生讲授西洋哲学和逻辑学，请梁启超先生讲授儒家哲学。直到1929年以前，金岳霖一直担任哲学系主任。后来他辞掉系主任职位，由冯友兰先生接任，但他始终是哲学系当之无愧的学术带头人。金岳霖在学术思想方面受穆尔和罗素的影响比较大，倾向于新实在论。他的设想是把清华大学哲学系办成"东方的剑桥学派"。在这一思想指导下，清华大学哲学系的确办出了自己独特的风格。清华大学哲学系和北京大学哲学系在新中国成立前是中国两个最著名的哲学系。北京大学哲学系比较重视中外古典哲学，以"史"见长；清华大学哲学系比较重视现代哲学和创立新体系，以"论"行世。

在金岳霖等人的苦心经营下，清华大学哲学系已初具规模。在1937年清华大学举校南迁以前，哲学系的教师最多时有11人。除了金岳霖以外，担任教职的还有冯友兰、陈寅恪、邓以蛰、沈有鼎、张荫麟等著名的教授，北大哲学系教授贺麟也曾在清华大学哲学系兼职。学生最多时达到19人。在兵荒马乱、哲学备受冷落的年月里，能取得如此成绩，也是相当的不容易。为创办哲学系和培养更多的哲学人才，金岳霖真是做到了鞠躬尽瘁、全力以赴。他曾为本科生和研究生开设过哲学概论、知识论、形上学、西洋哲学、逻辑学、洛克哲学、休谟哲学、罗素哲学、康德哲学、哲学问题、数理逻辑等十几门课程。

金岳霖在清华大学享有很高的威望，被视为清华的台柱子之一。他担任过文学院院长，与理学院院长叶企孙、法学院院长陈岱孙齐名。叶、陈的名字里都有个"孙"字，金岳霖先生字龙荪，字中有个"荪"字。这三个都是清华的台柱子，号称"清华三孙"。也许是精研政治学的缘故吧，金岳霖看透了旧中国政治的腐败与黑暗。他视名利官职如粪土，宁肯当一个清贫的教授，也决不愿意混迹于官场。等哲学系办起来之后，他索性辞掉一切职务，抱定"为学术而学术"的宗旨，一心一意地搞他所热爱的学问。国民党政府几次拉拢他，他始终不肯下水。在"左"的思潮流行的时候，"为学术而学术"的口号被当做"白专道路"被加以批判，对"为学术而学术"不加分析地一概加以否定是很不公正的，因为金岳霖这样做是针对当时"为当官而学术"的世风所发的，应当说是有进步意义的。他不屑与官僚政客、御用文人为伍，恰恰表现出他为人正直、廉洁清白的大家风范。

金岳霖在长期的教学生涯中，积累了丰富的教学经验，是一位十分出色的教授。他讲课清晰明白，深入浅出。那些枯燥的理论一经他的口，竟变得生动有趣、引人入胜，同学们很愿意听他的课。他常常运用日常生活中的例子或成语典故解释难点、要点，使抽象的理论变得形象化、具体化，变得令人易于接受。有一次，给学生讲"排中律"，他没有开口就讲定义、概念，而是闭上眼睛随便用手一指，对同学们说："这里或者是桌子，或者不是桌子。你们说我说的对不对？""对！"同学们齐声回答，课堂气氛一下子变得活跃起来。"为什么对呢？"同学们回答不出来了。金岳霖这才告诉大家："无论我指的是什么东西，'这里或者是桌子，或者不是桌子'这句话都能成立。如果此物是桌子，它不能同时不是桌子；如果此物不是桌子，它不能同时又是桌子，这就叫做'排中律'。"金岳霖喜欢动脑筋，常常会在别人看起来没有问题的地方发现问题。他有哲学家所独具的慧眼，从"没问题"处看出问题，从小问题中看出大道理。二郎庙的碑文中有一句："庙前有一树，人皆谓'树在庙前'，我独谓'庙在树后'。"人们读后往往一笑了之，认为"树在庙前"与"庙在树后"不过是同义反复而已。金岳霖却不这样看。他分析说，"树在庙前"是说树对于庙的关系；而"庙在树后"是说庙对于树的关系。在这两句话中，所强调的"关系者"不一样，不完全是同义反复。他认为这段碑文可以说是解释新实在论"外在关系"学说的一个好例证。在《世说新语》里有这样一个故事：有一个人小时候很聪明，长大之后却没作出什么成绩。某君发感慨说："小时了了，大未必佳。"孔融嘲讽此君说："看你现在'不佳'想必你小时一定'了了'。"金岳霖认为这两个人的说法都不能成立，因为这两句话没有必然的逻辑联系：从"小时了了"不能得出"大未必佳"的结论，同样，从"大未必佳"也得不出"小时了了"的结论。由这两件小事可以看出，金岳霖的确具有很强的逻辑思维能力和理论分析能力。

金岳霖待人诚恳和善，深受广大师生的爱戴。他终身未婚，无家室之累，他的寓所便成了青年朋友们在一起聚会交谈的学术沙龙。每逢春节，他都要把尚未成家的青年教师请到自己的家中聚餐联欢，宛如一家人，大家戏称他是"我们的光棍司令"。

(三)玄圃耕耘

金岳霖是中国现代哲学史上最活跃的哲学家之一。1927年,张东荪、瞿世英、黄子通等人组织了一个以研究哲学为主的"尚志学会",创办了《哲学评论》专刊,后来中国哲学学会接办了这个刊物,并作为学会的会刊。《哲学评论》是1949年以前中国哲学界理论水平最高的专刊,在创刊初期,几乎每一期都有金岳霖的文章。他发表的重要论文有:Prolegmena、《论自相矛盾》《同,等与经验》《休谟知识论的批评》《外在关系》《知觉现象》《A. E. I. O的直接推论》《势至原则》《思想》《A_HE_H的理解》等数十篇,在学术界影响很大。

《清华学报》也是金岳霖经常发表文章的论坛。在清华大学南迁之前,他在《清华学报》上发表的英文和中文论著有 Internal and External Relations、《思想律与自相矛盾》《释必然》《不相融的逻辑系统》《论学术论》等,每一篇都是金岳霖切磋琢磨、反复推敲的精心之作。

1935年,中国哲学界成立了全国性学术组织——中国哲学学会。在第一届年会上,颇孚众望的金岳霖当选为学会理事。在第二、三、四届年会上又当选为常务理事。他与另两位常务理事冯友兰、贺麟一起,负责主持学会的日常工作。为卓有成效地开展学会的工作,金岳霖付出了许多精力。

1937年,金岳霖积十几年的教学经验和研究心得,写成《逻辑》一书,由商务印书馆出版,列入"大学丛书"。在这本书中,他从西方系统地引进演绎逻辑、数理逻辑,还提出了他本人关于逻辑学基本理论问题的看法。他在此书的《序言》中声明:归纳逻辑与演绎逻辑应当分开来讲述,本书只谈演绎逻辑,不谈归纳逻辑。《逻辑》一书由四个部分组成。第一部分的标题是"传统的演绎逻辑"。在这一部分里,金岳霖准确地介绍了概念论、直接推理、间接推理、三段论式等形式逻辑的基本知识。第二部分的标题是"对于传统逻辑的批评"。在这一部分,金岳霖把目光一下子从传统推进到现代,站在逻辑学研究的最前沿回过头来反思传统逻辑的局限性。他指出,传统逻辑没有充分地形式化,各部分之间的联系也不够紧密,这些缺点有待进一步加以克服。第三部分的标题是"介绍一逻辑系统"。他详细地介绍刚刚问世不久的罗素系统的数理逻辑,把读者领入逻辑学的新天地。第四部分的标题是"关于逻辑系统之种种"。他论述了逻辑学研究中尚未解决的尖端问题,提出自己关于解决逻辑哲学问题的一系列看法和设想。如果说前三部分主要是介绍逻辑学现成的成果和知识,那么这一部分却是金岳霖自己多年来潜心研究的心得。他提出许多原创性的逻辑哲学思想,引起国内外同行们的重视。

金岳霖 冯友兰　汤用彤　贺　麟　沈有鼎
　　　　陈　康　洪　谦　王宪钧　郑　昕　冯文潜

　　但金岳霖自己对《逻辑》一书并不满意，尤其觉得第四部分有许多论点都没有展开。在他看来，这本书只不过是攀登了逻辑高峰的一个小小的台阶。平心而论，此书当然并不是尽善尽美，但它的确是中国人自己写的第一本高水平的逻辑学教科书。在金岳霖之前，严复、章士钊等人也曾零零碎碎地介绍过逻辑学知识，然而真正登堂入室，金岳霖却是第一人。正如有的研究者指出的那样："金岳霖是当时能深入西方逻辑学堂的具有阐释能力的中国哲学家。"

　　1937年，卢沟桥的炮声拉开了抗日战争的序幕。在日军铁蹄蹂躏下，偌大的华北竟放不下一张平静的书桌，清华大学只得举校南迁。1939年，清华、北大、南开三校组成西南联合大学，历经千辛万苦，总算暂时在昆明落了户。在联大期间，金岳霖的学术造诣进入了一个新的境界：他开始建立自己的哲学思想体系。在颠沛流离、资料缺乏、敌机不断袭扰的情况下，他克服重重困难，写成了《论道》一书，于1940年由商务印书馆出版。

　　金岳霖一反近代以来"经过认识论建构本体论"的思路，试图采取逻辑分析的方法建立本体论。他在《论道》一书中提出，现存世界是无观的本然世界，它不以任何生物类对它的认识与否为转移，是纯粹的独立存在。现存世界的本原是什么？它如何形成？它的内在联系是什么？它遵循的规律是什么？针对这一系列问题，金岳霖提出以"道，式—能"为框架的本体论学说。他认为，现存世界不是由各种物体机械地堆积起来的总和，而是有规律的、不断运动着的发展过程。他把这个总的过程和总的规律叫做"道"。在他的本体论学说中，道是最高范畴，然而也是最抽象的范畴。仅用道这一个范畴还不能解释世界，于是，他对现存世界加以逻辑分析，又抽象出两种"最基本的分析成分"，一个叫做"能"，另一个叫做"式"。能是构成现存世界的必要条件。他强调，能是构成万物的材料，但不是电了一类的粒子。它不是任何"相"，无法以语言表述它。有时金岳霖用"x"这一符号表示能。金岳霖所说的能有似于亚里士多德哲学中的质料，但它没有质的规定性，只是构成现实世界的逻辑起点。构成现实世界的另一个逻辑起点叫做"式"，"式"又叫做"可能"。他解释说："这里所谓可能是可以有而不必有'能'的'架子'或'样式'，一部分是普通所谓空的概念，另一部分是普通所谓实的共相。"式或可能是规范能的样式，它是能由潜在变为现实的充分条件。金岳霖所说的"式"有似于亚里士多德哲学中的形式，但更加抽象。金岳霖指出，仅靠能这一必要条件不能构成现存世界，仅靠式这一充分条件也不能构成现存世界，只有二者结合起来，才能构成现存世界。二者相结合的过程就是道。

金岳霖眼里的世界是一个动态的世界。"居式由能莫不为道"。道是他的本体论思想的核心。"无极是道,太极是道,无极而太极也是道;宇宙是道,天地日月山水土木也莫不是道。"——这就是金岳霖的结论。金岳霖眼里的世界是一个有秩序的世界。他以逻辑学家的眼光透视宇宙,看到的是一个谨严的逻辑结构。他强调宇宙的有序性,追求确定的知识,试图为科学研究提供坚实的哲学基础,这是他本体论中的积极因素。但他把概念之间在形式方面的逻辑联系看成客观世界的一般联系,却不能不说是理论上的失误。

金岳霖的本体论思想受亚里士多德影响较大,但也与之有别。他没有把理论重点放在形式方面。在他的本体论中,道不是一个分析的范畴,而是一个综合的范畴,由此来看更倾向于中国传统哲学。他强调,道是浑然一体的境界,"万物一齐,孰短孰长,超形脱相,无人无我,生有自来,死而不已"。道虽然是抽象思维的产物,但也可以使人得到情感上的慰藉。道的境界也就是中国传统哲学常说的"天人合一"的神妙境界。这才是人之所以为人的安身立命之地。

《论道》是一部融贯中西哲学、立意宏远、体大思精的上乘之作,但因文字艰涩、索解为难,出版后竟如石沉大海。当时惟一表示意见的是北京大学哲学教授林宰平先生。他不同意金岳霖"新酒旧瓶"的提法,认为中国哲学不是"旧瓶",也无需装什么西洋的"新酒"。曲高和寡是暂时的现象,妙曲总会找到知音的。过了几年之后,学术界终于发现《论道》的理论价值。贺麟先生在《当代中国哲学》中是这样评价此书的:"金先生以独创的且习于'用英文想'的元学思想,而又多少采取一些宋明理学的旧名词以表达之。往往增加理解的困难,而未能达到他所预期的感情的满足。"但他还是肯定《论道》是一部最有独创性的玄学著作。《论道》一书更曾被当时的教育部评为优秀学术著作,获二等奖金5000元。

几乎在写作《论道》的同时,金岳霖就着手写《知识论》。这是一本关于认识问题的哲学专著。此书完稿后,正赶上敌机空袭。金岳霖匆匆忙忙地把稿子包好,带在身上,赶紧跑到昆明北边的蛇山躲避。他生怕稿子丢失,就坐在稿子上,万万没想到因一时紧张忙乱,竟在警报解除后起身就走,却忘记了带书稿。等金岳霖想起回去找时,稿子早已不见踪影。就这样,几年来的心血付诸东流,他感到痛苦万分。写在纸上的书稿虽不见了,可是心中的思想并没有丢,他决心从头干起。几十万字的东西重写出来谈何容易!他凭着一股锲而不舍的"韧"劲,又奋斗了几个春秋,到1948年底再一次将《知识论》写出。

金岳霖这样概括《知识论》一书的基本思想:"本书的主旨是以经验之所得

还治经验,或以得自官觉者还治官觉。知识者实在是以所与摹状所与,在多数所与中抽出意念以为标准,然后引用此标准于将来的所与,以为接受将来的所与的方式。"围绕这条主旨,金岳霖系统地论述了知识的来源、意念在知识形成过程中的作用等问题,构成客观主义的知识论学说体系。

金岳霖站在客观主义的立场上,认为外物是知识的来源,外物是独立的客观实在,不以认识者的认识与否为转移。他断言:"在实在主义的立场上,'有独立存在的外物'是一不可怀疑的命题。"接着,他进一步指出,知识者的感觉可以认识外界对象,认为"所与是客观的呈现"。他所说的"所与",是指感觉经验或经验材料。"所与"是把知识者同外物联系起来的可靠的桥梁。它的一头连着认识对象,另一头连着认识主体。通过所与,外界对象转化为认识的内容,这就是他的"所与是客观的呈现"这一命题的基本含义。金岳霖认为,"所与是知识的材料",感觉经验是"知识的大本营"。从外物到所与再到知识,这就是金岳霖关于知识来源问题的基本观点。

金岳霖认为,所与只是知识的来源,所与本身还不是知识。要使感性的所与上升到理性的知识,必须对它进行加工,他把这叫做"所与底收容与应付"。意念是收容与应付所与的主要工具。意念对所与的收容与应付表现在两个方面,一是"摹状",把所与之所呈现,符号化地安排于意念图案之中,使此所呈现得以保存或传达;一是"规律"(意即规范),以意念上的安排去等候或接受新的所与。这两种作用是相辅相成的。无规范不能摹状,因为摹状是意念上的安排,这种安排同时就是规范。反过来说,无摹状不能规范,因为离摹状,意念太抽象,别人无法接受。向别人介绍新的意念免不了举例子,举例子就是摹状。

金岳霖所说的"意念"也就是我们现在所说的"概念"。他提出的关于概念双重作用的理论在哲学史上是有贡献的。他提出这一理论,是想解决休谟经验论解决不了的难题。他认为休谟的失败,就在于他只有"意象"而没有"意念",没有充分估计到概念在认识形成过程中的能动作用。他主张经验与理性兼重。"这两方面兼重,就表示我们不但注重经验,而且注重理性。说所与中本来有形形色色,这这那那,种种等等,就表示我们注重经验,官觉者得到意念的根据就是这些。说所与本来无'名',在官觉者以意念去接受所与之后,所与对于官觉者有意念上的秩序,就是说我们注重理性;我们实在是纳所与于意念结构之中,使所与对于官觉者得到一种条理化。"金岳霖力图辩证地看待所与与意念、感性与理性的关系,把经验论与唯理论综合起来。由于他把意念看成凝固的认识结构,对概念的理解有些僵化,使他未能完全达到这一目标。但应当承认,他的知识论研究对于加强中国哲学的薄弱环节、推动思维方式的现代转换是有积极意义的。

《知识论》一书洋洋70万言,迄今为止仍是中国人写的部头最大的哲学专著。这本书以理论分析见长,用冯友兰先生的话说,"《知识论》可以算作一部技术性很高的哲学专业著作"。金岳霖本人对这本书也非常重视。他自述:"《知识论》是我花精力最多、时间最长的一本书。"他把书稿交给商务印书馆,不久全国就解放了,未能如期出版。直到1983年,商务印书馆为纪念金岳霖从事哲学和逻辑学教学和研究56周年,才正式出版该书。《知识论》从写作到出版几经周折,正如金岳霖先生自己所说,真是一本"多灾多难的书"。

(四)归宗马列

1948年12月15日,中国人民解放军接管清华大学。清华回到人民的怀抱,金岳霖从此也获得新的学术生命和政治生命。凭着一个正直的哲学家唯真理是从的良心,他毅然决然地改变自己几十年来形成的哲学信仰,尽弃前学,真诚地接受马克思主义哲学。

金岳霖解剖自己从前的唯心主义思想时,十分严格,毫不留情。他的《对旧著"逻辑"一书的自我批判》诚恳地检讨从前学术思想上的错误,对自己的要求近乎苛刻。平心而论,他的自责确实有过火之处,这同他在新中国成立初受"左"的思想的影响有关,但他绝不是违心地应付。他勇于自我否定,正是他一贯追求真理的"逻辑必然"。亲炙于金岳霖门下的冯契教授回忆说,金岳霖先生即便在私下的谈话里,也屡屡表示自己从前的哲学体系远不如马克思主义哲学高明。可见,他服膺马克思主义哲学完全是出于真心。

从旧社会过来的大学教授中,金岳霖进步的脚步迈得最快。1956年他加入了中国共产党,很快从唯心主义哲学大师转变为坚定的马克思主义理论家,但他绝不是见风使舵、人云亦云的风派人物,他从未失掉自己的学术良心。他敢于接受真理,也敢于抵制错误。新中国成立初期,一些从解放区过来的哲学理论工作者由于受苏联的影响,把形式逻辑当做形而上学一概加以否定,金岳霖坚决反对这种错误观点。他在理论学习会上多次发言,力陈形式逻辑与形而上学的区别,充分肯定形式逻辑的科学价值。许多人在听了他的发言后改变了原来的看法。20世纪50年代末60年代初,逻辑学界热烈讨论真实性与正确性的关系问题。周谷城等人认为,形式上的对错可以同内容上的真假分开来,只要形式上对,在逻辑上就是正确。沈秉元等人认为，真实性与正确性是一致的，形式上对、内容真才算逻辑上正确，这就是"分家说"与"一致说"学术的争论。据说，毛泽东同志当时是赞成分家说的。金岳霖也知道这个情况，但他坚信真理越辩越明，并不盲目地惟上是从。他坚持独立思考，没有简单地表态，经过反复琢磨，终于提出他的看法。他在《哲学研究》上发表《论真实性与正确性的统一》《论"所以"》《客观事物的确实性和形式逻辑的头三条基本思维规律》《论推论形式的阶级性和必然性》等学术论文，阐述了自己的见解。他一针见血地指出，争论的双方都犯了混淆"那么"与"所以"的错误，没有把蕴涵关系与推理关系区别开来。

新中国成立以后，金岳霖把逻辑学作为理论研究的重点。他既主编高等学校的逻辑学教材，也写《逻辑通俗读本》，向广大群众普及逻辑学知识。他在1963年主编的高校文科教材《形式逻辑》因"文革"而遭难，未能及时出版，直到1979年才得以面世。现在，许多高等学校仍采用他主编的这本教材。

金岳霖在新中国成立前不肯作国民党政府的官，新中国成立后却甘当人民的公仆。从1952年起，他先后担任过北京大学哲学系主任、中国社会科学院学部委员、中国社会科学院哲学研究所副所长、全国政协委员、民盟中央常委、中国逻辑学学会理事长、中国逻辑与语言函授大学名誉校长等职务。

1984年10月19日，89岁高龄的金岳霖在北京溘然逝世。他的著作将与世长存，他的大家风范将永留人间。为纪念这位杰出的哲学家、逻辑学家，中国逻辑学学会特设"金岳霖研究基金"，奖励那些有突出成绩的逻辑学工作者。

（宋志明）

二、怀念金岳霖老师

金岳霖先生从1941年起，就是我的老师。我从清华大学研究院毕业后，又一直在他的领导下工作。四十多年来，他对我的教诲、帮助和关怀，一想起来，我就充满了无限的崇敬、感激和怀念之情。在他诞辰100周年之际，我要叙述我同他交往中的一些真实故事，以表达对老师的怀念，并弘扬老师的美德。

（一）金先生的特殊声誉

1941年深秋，我从湘西的一个小县城来到昆明的西南联合大学哲学系读书。在联大刚生活了几天，我就被联大民主自由的气氛和追求真理的精神迷住了。我有一种如鸟出笼、如鱼得水的欢乐心情。

联大哲学系是由北京大学、清华大学和南开大学的哲学系共同组成的，教授阵营强大，在当时国内的哲学系中首屈一指。金先生在联大哲学系众多的名教授中享有特殊的声誉。金先生在三四十年代应用了现代的逻辑方法创造了他自己的哲学体系，跻身于当时国际哲学家之列，同时他又是清华大学的元老之一。再加上金先生那种超然物外的处事态度和诗情画意的生活风韵，他就自然而然地更易为带有浓厚的浪漫主义情调的联大师生所倾倒。

我认识金先生，是在联大哲学系为我们新生举办的迎新会上。系主任汤用彤先生作了几分钟的讲话后，就逐个介绍系内教师。汤先生可能第一个介绍冯友兰先生（文学院长），第二个介绍金先生，也可能第一个就介绍金先生。使我印象最深并感到奇怪的是，金先生头上戴了一个打网球时用来遮阳光的眼罩。汤先生在介绍完教师后，就让新生一个一个地介绍自己的姓名、籍贯和学历。当我介绍自己时，金先生插话说："啊！你在长沙念过书。"我回答说："是。"这是我同金先生第一次交谈的全部内容。

随着我在联大生活和学习时间的延长，我从教师和高年级学生口中逐渐了解了金先生的许多情况。我发觉哲学系师生普遍对金先生非常尊敬，其中有些人竟达到了崇拜的程度。

有一位叫殷福生的同学，他从联大哲学系毕业后又考取清华大学研究生，导师是金先生。一个周末的晚上，殷福生到我的宿舍聊天。他对金先生的学术成就和个人品德都作了极高的赞扬。他讲得有声有色，我也听得津津有味。当时我桌上放了一本金先生著的《逻辑》。殷福生拿起这本书说："就这本书来说吧！这是中国人写的第一本高水平的现代逻辑。也仅仅就这本书的文字来说吧，真是增一字则多，减一字则少。"这时他突然把这本书往桌上一扔，接着说："你听，真是掷地作金石声。"此情此景，虽已过去五十多年，仍历历在目。

殷福生后来改名为殷海光。据说，他在台湾大学教书，是一位在师生中很有影响的教授。他宣扬民主自由，被誉为"青年导师"。但也由于宣扬民主自由，他竟被台大解聘，最后穷困而死。

（二）初次问难

1942年秋至1943年夏，金先生给哲学系高年级学生讲知识论。我当时是二年级学生。一天，我遇见哲学系的一位毕业生胡庸遨，他是同学中的"康德专家"。他对我说："金先生在讲知识论，深刻极了！精彩极了！你应当去旁听几堂。"后来我就去旁听了两次。第二次金先生讲归纳原则。金先生先把英国哲学家罗素在 Problems of Philosophy（《哲学问题》）中对归纳问题的表述写在黑板上，然后解释罗素这个表述的含义，最后金先生指出归纳原则的困难所在。

记得大一时，我买得一本罗素的 Problems of Philosophy 旧书，并且细读过"归纳原则"这一章。我当时觉得金先生对罗素归纳原则的解释有些问题。下课后，我在教室门口拦住金先生，很唐突地说："您刚才对罗素的归纳原则的解释，我以为不完全符合罗素的原意。"金先生说："你读过罗素的书吗？"我说："我仔细读过他的 Problems of Philosophy。"金先生说："你回去再好好读几遍吧！"说完这句话，他便扬长而去。也许那天下课后金先生有急事要办，也许金先生讨厌我那种唐突的和过分自信的态度，但我个人当时的感觉是："金先生好严厉啊！"

以后由于我功课忙，也由于有点怕见金先生，我就不再去旁听他的知识论讲课了。直到一年多以后，我才又开始同他接触，才慢慢地改变我第一次问难时所获得的错误印象。

（三）引人入胜的讲课

在联大，按学校规定我选修了许多课程。但大部分选修的课程我都没有好好去听，只是期末去参加考试而已。但金先生的知识论和形而上学这两门课程，我是每堂都去听了，而且听得很专心。这不仅是因为我对这两门课程的内容很有兴趣，也因为金先生的讲课引人入胜。

1944年秋我三年级时，选修了金先生的知识论。这是我第一次选修他的课程。这时他刚从美国访问一年归来。金先生喜欢穿一件深红色西服上衣和一条灰色法兰绒裤子。据说这是英国牛津大学和剑桥大学的流行装。西服的质料和做工，即使在美国也是上等的。天气变冷时，他还外加一件蓝灰色的高质量夹风衣。

金先生上课时，从不带讲稿，也不带任何其他资料。他坐在讲桌旁边的一把椅子上，闭着眼睛，一边思考一边讲。他总是先叙述一下他要讲的哲学问题，然后分析这个问题，提出初步的解决意见，进而又指出这个解决意见的缺点，再提出一个新的解决意见……这样一步一步地深入，一步一步地提高，最后提出自己认为正确的意见。他这种讲课进程，有些像柏拉图的"对话"，也许更像休谟剥蕉抽茧地讨论哲学问题的风格。

金先生讲述一个哲学问题的进程，大体上反映了哲学史上这个问题的发展进程，也大体上反映了他自己对这个问题的思考进程。金先生的讲课，循循善诱地把听众引入了他的思考进程，这就使听众容易理解这个哲学问题的实质，听众不论水平高低，都会是很有收获的。

我四年级时又选修了金先生的形而上学课程。他讲授形而上学和他讲授知识论有所不同，这是由这两门课程的内容和性质不同决定的。他讲授知识论时应用了细密的、有时是艰苦的逻辑分析。但他讲授形而上学时，却是凭借一种理智和感情密切结合的哲学玄思。我现在还能清楚记得，金先生有一次在形而上学课程中讲"宇宙洪流"这个问题。他自己沉醉在那种超形脱像、人我两忘的玄思中。我也跟着他的讲课在无始无终、无边无际和无穷无尽的宇宙洪流中遨游。我感觉到一种比"挟飞仙以遨游，抱明月而长终"更美妙的哲学乐趣。

形而上学是哲学中最哲学的部分，是理智与感情的交融，是人与天的合一。就我个人的感受说，我喜欢金先生的形而上学甚于他的知识论。

金先生的哲学讲课，不仅传授学生许多哲学知识，更重要的是还传授学生思考哲学问题的方法和培养学生解决哲学问题的能力。

（四）第一次激辩

在我选修金先生的"知识论"和"形而上学"课程期间，下课后我常常陪他漫步走回他北门街的宿舍。一边走，我一边向他提出我听课中不理解的问题，有时也对他讲课的内容提出不同意见。他总是亲切而耐心地作出解答。这种课后漫步，对我帮助很大，加深了我对课程的理解。我曾想古希腊逍遥学派大师亚里士多德，大概也是这样在逍遥的漫步中教导学生的。

金先生还是我大学毕业论文的指导教授。我的毕业论文提出了一个知识论系统，观点属于金先生所反对的"代表论"一派。我在论文中也几次批评了金先生的朴素实在论。我颇为得意地把论文交给金先生。他约我一星期后去他住处面谈。后来，我按时到达金先生住处（当时他住在圆通公园中梁思成先生家里）。金先生对我的论文提出了一系列的问题，我就一个一个问题作出答辩。他又对我的答辩进行批评，我又为我的答辩辩护。这样一来一往，辩论越来越激烈，声调也越来越高，使得梁先生家里人推门来看，是否我同金先生吵架了。这场辩论从下午两点多一直延续到快六点。我告辞时，金先生把论文交还给我。我在回联大的路上翻阅了自己的论文，看见金先生在论文上多处写了批语。我现在记得的批语有：无的放矢，这是自相矛盾，你现在不也承认了外物吗？我当时感到很失望，而且还担心金先生会给我一个不及格的评分。但是，后来评分公布，出乎意外，我不但及格了，而且评分还是相当高的。

金先生在认识论方面有很深的研究。他坚信：他自己所主张的朴素实在论是正确的，反对朴素实在论的理论是不正确的。但他并不因此就采取"党同伐异"、"顺我者昌、逆我者亡"的态度。他能容忍并尊重不同的观点，能承认即使是错误的理论中也包含着各种合理因素。

（五）后悔失言

我做研究生时选修"知识论研究"课程。由于选课人只有我一个，而且我在大学时已听过金先生的"知识论"，他就为我制订了一个特别的上课法。每次课前，他都指定我阅读许多文献，主要是古典哲学名著，如亚里士多德、笛卡尔、洛克、贝克莱、休谟、康德的著作，也有当代哲学家如罗素、穆尔的著作。上课时，先由我报告这些指定文献的内容和我对这些内容的看法，然后他对我的报告发表意见。最后，我们互相讨论。讨论总是很认真的。由于我特别好辩，而且对别人的看法又十分挑剔，讨论就常常成为激烈的辩论。

有一次，在讨论中金先生提出了他的一个哲学理论。我说他这个理论不够清楚，他就费力地进一步做出解释和阐明，但我还是摇头表示不能理解。这就惹得他生气了，他说："你这个人的思想怎么这样顽固！"我也生气地立刻回应说："不是我思想顽固，是您思想糊涂！"金先生听了这话，气得脸都涨红了。他从椅子上站起来，两只手撑在面前的书桌上，身体前倾，两眼盯着我。这时我感到自己太失礼了，但一言既出，驷马难追。我只得低着头，静候老师的训斥。他盯了我一阵之后，口中一边喃喃地说"我思想糊涂，我思想糊涂"，一边慢慢地坐回椅子上。又过了一会儿，他很冷静地说："今天的课在此打住。下次上课时，我们继续讨论。"

此后好几天，我心里很不好受，深悔自己不该对老师说出那样不敬的话。我打定主意等下次上课时，正式向老师道歉。

一星期后又上课时，我很紧张地走进金先生的房间，他似乎比平日更亲切地叫我坐下，没有提上周那件不愉快的事情，好像根本没有发生一样。我们照旧上课。金先生又花了一二十分钟时间，非常细致地和非常严谨地进一步陈述他上周提出的那个理论。

在我同金先生相处的四十多年中,我冲撞他的言语是很多很多的。一般人处于金先生这种地位,都会对我的冲撞"终生难忘"的。但金先生却能原谅我,真正地原谅我。

(六)无限关怀

1947年春,是我由南方来到北平后的第一个春天。清华园内,草木葱绿,繁花似锦,温暖柔和的春风令人陶醉。在这美丽的暮春三月,我心灵深处反而泛起一层淡淡的哀愁,加上学习紧张,我严重地失眠了,而失眠又反过来恶化我的情绪。我实在需要一段完全休息的时间。

我拿起笔来,给金先生写了一封请假短信。其中有:"到北平后,旧友星散,清华园的寂寞更把人压得沉重了!"我几经琢磨才用这几句话表达了一个青年人在暮春三月的微妙情怀。

我让一位哲学系同学把这封短信偷偷地从门缝塞进金先生的房间。我打定主意,即使金先生不准我假,我也要旷课了。

第二天午饭后,我躺在平斋宿舍的床上休息,仿佛听见走廊上有一个熟悉的声音在说我的名字。我走出房门一看,原来是金先生。他一见我就亲切地说:"可找着你了!让我看看你的房间。"

金先生进房坐下后,根本不谈我请假的事,也不问我失眠的情况。他饶有风趣地对我大讲北平许多好看好玩的地方,劝我去北平各处转转。他像一个老人哄小孩那样,同我闲谈了约一小时,等他站起来要走的时候,明确地对我说:"你可以多休息一段时间,至于'知识论研究'这门课,好办,因为你过去也听过我的'知识论'。"

听了金先生的话后,我感到老师那么理解我、关怀我、爱护我。我心中无比地高兴、轻松,也无限感激。我乐滋滋地从平斋一直送金先生到清华园大门。

从此以后,我同金先生更加亲近了。他不仅教导我学习哲学,他的影响也慢慢地进入我的生活领域。他不仅是一位高明的老师,也逐渐成为一位慈爱的家长。

(七)哲学家的恋爱观

1949年,我的感情生活中掀起了大风波。当时,我真是痛不欲生。特别在黄昏时分,我就有一种强烈的自杀冲动,像一个在炎热的沙漠中干渴了几天的行路人,看见路旁的一泓清泉想去饱喝几口一样。这段时间,金先生几次来看我,说了许多安慰和开导的话。由于当时在激烈的感情波动中,我不能记忆他说话的准确内容。但通过金先生几次同我的谈话,我有了两点认识:1. 恋爱是一个过程。恋爱的结局,结婚或不结婚,只是恋爱全过程中的一个阶段。因此,恋爱的幸福与否,应从恋爱的全过程来看,而不应仅仅从恋爱的结局来衡量。2. 恋爱是恋爱者的精神和感情的升华。恋爱的对象,在一定程度上,是恋爱者的精神和感情的创造物,而不真正是客观的存在。因此,只要恋爱者的精神感情是高尚的、纯洁的,他(她)的恋爱就是幸福的,不应从世俗的"恋爱—结婚"公式看问题。

上述两点,可以叫做过程的、美学的恋爱观。我不敢说,这个恋爱观就是金先生自己的恋爱观,或可能是金先生为了开导我而提出这个恋爱观,也可能是我在同金先生谈话后想到的。不论这个恋爱观来自何人,也不论正确与否,事实上都使我茅塞顿开,帮助我慢慢地从痛苦的深渊中挣扎出来。

金先生担任北京大学哲学系主任期间,非常关心系里单身教员的婚姻问题。在新年或春节期间,他总要邀请系里到了结婚年龄而尚未结婚的男同志到他家聚餐,我也是被邀请者之一。在我们品尝他的厨师老汪做的精美菜肴之后,金先生总要说许多鼓励我们赶快结婚的话。金先生还说:"谁先结婚,我就给谁奖赏。"

大约1954年春天,一个风和日丽的星期天清晨。我正在未名湖畔我的房间里聚精会神地看书。忽然,金先生敲门,一进来他就问我:"你的恋爱结婚问题有什么新发展?"我开玩笑地说:"曾经沧海难为水,除却巫山不是云。"他立刻反驳说:"你应当说'山重水复疑无路,柳暗花明又一村'。"接着他非常郑重地讲了许多话,大意是:结婚是人的规律,自然界的规律。结婚是人性,是人性的完成。不结婚是违反自然规律,是人性的缺陷。在金先生讲话的过程中,我曾经几次想问他:"那您为什么不结婚呢?"话都到了嘴边我又缩回去了,我意识到不该问老师这个敏感的问题。

金先生讲的那些道理,我本来也是知道的。但他的真诚关切使我感动,他的郑重态度又促我猛省。经过仔细考虑,我放弃了在未名湖畔的单身宿舍中度此一生的念头。一年之后,我幸运地结婚了。在婚礼茶会上,来了约一百多位客人。金先生首先讲话。他说:"今天是礼全和瑞芝的婚礼,我感到非常非常之高兴。过去我参加过许多婚礼,当听到结婚进行曲时,我心中总感到一点点忧愁。但今天却不同,今天听到这支曲子,我却非常快乐,一点忧愁也没有……"这不是平淡无奇的套话,是他的真情实感,是有丰富内容的。这些话含蓄地流露了他多年来埋藏在心灵深处的哀愁,这些话也表达了我们师生之间深厚的情谊。他能体会我过去经历的苦难,他也能体会我今天迎来的快乐,他为我的快乐而快乐。

1955年春的一个上午,我去北大的哲学楼办事,就顺便到系主任办公室想看看金先生。当时有几位教师正在同金先生谈问题。但金先生一见我进来就说:"礼全,你等一等,我有事同你谈。"约一小时后,其他人陆续都走了,办公室中只剩下金先生和我两人。金先生要我把办公室门关上。我问他有什么事?他先不说话,后来突然说:"林徽因走了!"他一边说,一边就嚎啕大哭起来,两支胳臂靠在办公桌上,头埋在胳臂中。他哭得那么沉痛,那么悲哀,也那么天真。我静静地站在他身旁,不知说什么好。几分钟后,他慢慢地停止哭泣,擦干眼泪,静静地坐在椅子上,目光呆滞,一言不发。我又陪他默默地坐了一阵儿,才送他回了燕东园。

当晚,我又约王宪钧先生一起去燕东园看金先生。这时他已恢复了平日那种潇洒轻松的风度。他同我们只谈了几句林徽因女士病逝的情况,就把话题转移到逻辑课程的改革问题上。

金先生这次痛哭是他几十年蕴藏在心中的一种特殊感情的迸发,是深沉的痛苦,是永恒的悲哀,是纯洁的人性。我十分理解他这种感情,更十分尊重和欣赏他这种感情。

金先生后来告诉我,他和邓以蛰先生(或唐钺先生)为林徽因写了一副挽联:"一身诗意千寻瀑,万古人间四月天。"据说"四月天"来自林徽因一首诗中的名句"你是人间四月天"。这副挽联生动地描绘了逝者的高雅气质,也恰当地表达了生者对逝者的沉痛怀念。

(八)乐于助人

金先生乐于助人是多方面的。这里我只想讲一些他在金钱上帮助别人的事例。

金先生并不富裕,他的全部收入都来自他的工资和少数稿费。

乔冠华是清华大学哲学系20世纪30年代的学生。他在清华哲学系时专攻黑格尔哲学。当时金先生却是很不喜欢黑格尔哲学的。据说,乔冠华从清华大学毕业后想去外国留学,金先生就资助他几百元大洋,作为留学费用。

我前面提到的那位殷福生先生,后来他来北平学习,金先生也资助他学习和生活上的全部费用。几十年后,殷福生在台湾大学任教,仍念念不忘金先生这位恩师。

1952年春,清华大学开展教师的思想改造运动。按规定,张奚若先生应在他所属的政治系参加运动,但张先生却请求来哲学系。张先生和金先生是几十年的知己老友。在"背靠背"分析金先生的思想会上,张先生讲了一件金先生的事:抗日战争时期,张先生一家几口,经济十分困难。一天早晨,张夫人忽然发现家里椅子上放了相当数量的钞票。张夫人就问张先生:"哪来的这么多的钱?"张先生也感到奇怪。后来张先生忽然想起来,昨天晚上金先生曾来他家聊天。张先生很肯定地对张夫人说:"这一定又是老金干的好事。"金先生深知张先生是"君子固穷",所以用这种方法帮助老友。

清华哲学系、北大哲学系和哲学所的不少同志碰到经济困难时,就去向金先生求救。也有些人不好意思当面向金先生开口,我就成了中间的"说客"。

至于我本人,工资低,家庭人口又多,金先生就常常主动地及时地给我经济资助。

我们这些受过他慷慨资助的人,却没有能力在他极需资助的时候尽微薄之力。一想起来,我就感到内疚。

（周礼全）

金岳霖主要著作:

1. 《逻辑》,商务印书馆1936年版;三联书店,1961、1982年版。
2. 《论道》,商务印书馆1940、1985年版。
3. 《知识论》,商务印书馆1983年版。
4. 《逻辑通俗读本》,中国青年出版社1962、1964、1978、1979、1982年版。
5. 《形式逻辑》,人民出版社1979年版。

冯友兰：“新理学”和“中国哲学史”的创建者

冯友兰（1895～1990），字芝生。河南唐河人。1895年12月4日生于唐河县祁仪镇。1915年毕业于中国公学，在上海考入北京大学，由法科转入文科哲学系，开始学习中国哲学。1919年公费留学美国，入哥伦比亚大学研究院哲学系攻读研究生。1923年完成博士论文《天人损益论》并通过答辩后回国。先后在中州大学、广州大学、燕京大学等校任教。1928年任清华大学哲学系教授兼校秘书长，后又任文学院院长、校务会议代主席等职。抗日战争期间任西南联大教授兼文学院院长。1952年起，任北京大学哲学系教授、中国科学院学部委员。曾任第二、第三、第四届全国政协委员，第六、第七届全国政协常委，第四届全国人大代表。曾分别获得美国普林斯顿大学、印度德里大学所授名誉博士学位。1990年11月26日病逝于北京。

冯友兰

一、生命不熄、薪火承传的冯友兰先生

冯友兰是中国现代史上杰出的思想家、哲学家，是对中国思想史、中国学术史、中国哲学史诸领域作出重要贡献的著名学者。

在中华民族的成长史中，19世纪与20世纪之交是一个最令人难忘的时期。这是因为这一段历史，对于人类，特别是对于我们中华民族来说，有着极其特殊、极其复杂的世纪情结。旧的时代奄奄一息，而新的时代却在苦难与煎熬中步履蹒跚。中华民族正处在时代文化转型的历史关节点上。

这个历史关节点，像严冬未尽的一条冰川，上面虽有坚冰覆盖，下面却孕育着各种生机暗流。一旦冰川消释，这生命的暗流将像奔腾咆哮的黄河，以其原有的哺育中华文明之历史张力，无情地冲击旧时代的堤防，一泻千里地奔向新世纪的大海。

正是在上述所谓的历史关节点上，京师大学堂诞生了。12年之后，随着辛亥革命的爆发，清王朝被推翻，京师大学堂亦改名北京大学，从此，它便成为一所名副其实的现代意义上的大学。曾有人论证说，中国真正开始引进现代科学有三项标志，其中之一便是京师大学堂的成立，这一评价完全符合历史实际。不管当时清王朝的统治者是否意识到这一点，它作为历史关节点上的产物，已经牢牢地镶嵌在世纪之交的历史界碑上。

冯友兰就是北京大学培养出来的一代哲学大师。他的名字不仅与他的研究领域紧密地联系在一起，而且也与北京大学的名字紧密地联系在一起。

（一）求学之路

1895年12月4日，即京师大学堂成立前的3年，冯友兰出生在一个"世代书香"的家庭里。他的祖父、父亲、伯父都有较高的中国传统文化修养。在这种家庭环境中，冯友兰从小便受到中国传统文化和思想的教育和熏陶。他6岁便开始读背四书五经，接受家庭及私塾教育，15岁进入高等小学预科，16岁考取中州公学中学班，后转武昌中华学校，17岁入上海中国公学。在中国公学的3年学习中，冯友兰对逻辑学发生了浓厚兴趣，遂萌生学哲学的志向。1915年夏，冯友兰结束了中国公学的学业，带着对逻辑学与西洋哲学的浓厚兴趣考进了当时精英云集的北京大学。

冯友兰与北京大学结缘的因由是哲学。因为当时只有北京大学文科有中国哲学，1919年夏废科设系，称哲学系。冯友兰报考北京大学的目的，本来是为了学习西方哲学。照当时北大的章程说，有三个哲学门：中国哲学门、西洋哲学门和印度哲学门。但实际上印度哲学门压根就没人提。西洋哲学门，本来说是要在1915年开课的，可是只找到了一位教授，名叫周慕西，不久他就去世，所以也开不成了。这就是说，当时北大只有中国哲学门的课程。而中国哲学门是在京师大学堂学科的基础课上形成的，有深厚的国学传统和学术研究实力。早在1903年，京师大学堂速成科的师范馆(大学专修科性质)就开设了伦理、教育、心理、周秦诸子等科。1910年京师大学堂设大学本科，下设的理学门又开出理学研究法、程朱学派、陆王学派、周秦诸子学派等属于传统中国哲学的课程。冯友兰在大学一年级，便听了中国哲学史、诸子学和当时国学大家马叙伦开的"宋学"课。

本来立志学西洋哲学的冯友兰踏进了中国哲学的海洋。汪洋无际的传统哲学的大海，使这位从小熟读四书五经的青年学子眼界顿然开朗。四书五经的丰富材料犹如一座高耸入云的山峰，经过近代西洋哲学方法的透视，在冯友兰的手下，终有一天会点石成金的。这时冯友兰开始知道，在八股文、试帖诗和策论之外，还有真正的学问，这就像是进入了一个新的天地。不久，冯友兰又发现"于那个新天地之外，还有一个更新的天地"。

冯友兰所谓的"新天地之外"的"新天地"乃是指当时席卷神州大地的新文化运动的蓬勃春潮。这汹涌奔突的时代激流及在这激流中弄潮的"文化健儿"，此时都在向北京大学集拢。由于新文化运动反映了时代的脉搏，于是在中国知识界很快形成了一支文化大军，开始向中国的旧传统进行了无情的冲击。

此时，马叙伦、蔡元培、李大钊、陈独秀、胡适、杨昌济、章士钊、刘师培、陈汉章、黄侃、崔适、梁漱溟等一大批新旧学者、革命家、教育家云集北大。特别是蔡元培，在冯友兰入学的第二年，即1916年接任北大校长。蔡元培一到任，便以民主主义教育家的宏大气魄，除旧布新，兼容并蓄，大刀阔斧地改革封建的教育体制，扫除陈腐习气，并以西方欧美大学为模式，立志创办一所具有"学术思想自由"的最高学府。此时陈独秀正在上海创办并主编《青年》杂志（后改名为《新青年》）。蔡元培看到后，大加赞赏，并立即聘陈独秀为北大文科学长，主管文学、哲学、历史等系。在此期间，陈独秀不仅将《新青年》编辑部从上海迁至北京，奏响文学革命的号角，而且亲自为文科学生讲授"进化论的发展观"。

陈独秀任北大文科学长后不久，因文学革命的倡导而声名大噪的胡适，也应蔡元培的邀请，踏进北京大学任教授。他为哲学系开了中国哲学史、中国名学等课程。此时冯友兰已是北大三年级的学生。当时，为了活跃空气，探讨学术，北京大学成立了中国哲学门研究所，三年级以上的学生均可报名参加。冯友兰选择了三项研究课题：欧美最近哲学之趋势，导师胡适；逻辑学史，导师章士钊；中国名学钩沉，导师胡适。

胡适本是冯友兰在上海中国公学时期的高年级学长，现在却地地道道成了冯友兰的老师。但在冯友兰的回忆中，似乎没有谈到他在北大哲学系听过胡适的课。冯友兰晚年曾回忆说："到了1917年，胡适到北大来了。我那时已经是三年级了。胡适给一年级讲中国哲学史，发的讲义称为《中国哲学史大纲》，给我们三年级讲中国哲学史的那位教授，拿着胡适的一份讲义，在我们的课堂上笑不可抑。他说：'我说胡适不通，果然就是不通，只看他讲义的名称，就知道他不通。哲学史本来就是哲学的大纲，说中国哲学史大纲，岂不成了大纲的大纲了吗？'"冯友兰的这段回忆，道出了当时北大学术界的保守倾向。给他上课的那位教授是以不屑一顾的眼光看胡适的。也正是这位教授讲中国哲学史，"从三皇五帝讲起，讲了半年，才讲到周公"。这说明在胡适以前，中国哲学史仍是古代经学的内容。尽管如此，活跃在当时学术界的今古文经学大师还可堪称地道的学问大家，在北京大学的国学讲坛上，章太炎一派的学者，如黄侃（季刚）、马裕藻（幼渔）、沈兼士、钱玄同等先后到北大文科教书，他们注重考据训诂，以治学严谨见称。这种学风以后逐渐成为北大文史科教学与科研中的主流。

　　无论是新的，还是旧的，对以求学为第一要务的冯友兰来说，都具有重要的启迪作用。因为在未进北大之前，冯友兰少年时期所打下的国学基础，用当时的标准看，无疑还是一团未经梳理的乱麻，或是一块未经雕琢的璞玉，只有在博采众家的治学方法之后，方能有比较、研究的可能。顾颉刚在后来回忆中国哲学门的情况时也谈到了这一点："哲学系中讲中国哲学史一课的，第一年是陈白弢（汉章）先生。他是一个极博洽的学者，供给我们无数教材，使得我们的眼光日益开拓，知道研究一种学问应该参考的书是多至不可计的。他从伏羲讲起，讲了一年，只讲到商朝的《洪范》。"这位陈白弢先生即是前面提到的嘲笑胡适《中国哲学史大纲》不通的那位教授。他在学术观点上主张不分今古、汉宋，一切都加以容纳。但即使像陈汉章这样的守旧学者，尚能"使得我们的眼光日益开拓"，足见当时北大对冯友兰进学的意义。

　　冯友兰置身于北京大学这块人才荟萃的学术园地里，其所受到的影响是多方面的。许多与冯友兰同时代的学者在回忆北京大学这段历史时，都有一个基本倾向，即强调受新文化运动思潮的影响，大大多于受旧学的影响。前面提到的顾颉刚，比冯友兰大两岁，在北大哲学门读书时却比冯友兰低一届。他们在哲学系听同样的课，有些感受是相同的，如上述对陈汉章和胡适的看法即如此。但也有不同的，比如对宋代理学的看法。顾颉刚回忆说："那时大学中宋代理学的空气极重。我对于它向来不感兴趣，这时略略得了一些心理伦理的常识之后再去看它，更觉得处处都是误谬。我对于这种昏乱的思想，因课业的必修而憎恨到了极点，一心想打破它。"正是对宋代理学的憎恶，才使顾颉刚走上了疑古的道路。这当然也与他和当时具有"汉学遗传性"的胡适及古文大师黄侃等人往从过密有一定关系。冯友兰后来的学术发展道路、他的"宋学"的治学方法也许就受到在北大读书时"宋代理学空气极浓"的影响。这也许就是后来他的《中国哲学史》比胡适的《中国哲学史大纲》高出一筹的重要原因之一。

冯友兰在北大受到现代思潮的影响，为他日后成为哲学大家奠定了坚实的思想和学术基础。1918年6月，冯友兰结束了在北京大学的学习生活，带着北大给他的一切潜在的影响走向了社会和人生。

（二）漫长的历程

1918年，冯友兰从北大毕业后回到开封，在一个中等专科学校教书。1919年底入美国哥伦比亚大学研究院，系统学习西方哲学。1923年毕业，获哲学博士学位。自1923年起，冯友兰历任中州大学教授兼文科主任（1923～1925）、广州大学教授（1925）、燕京大学教授（1926～1928）、清华大学秘书长（1928）、清华大学哲学系教授兼系主任及文学院院长（1928～1949）、西南联大哲学系教授（1937～1940）兼文学院院长（1939～1946）、中央研究院首届院士（1948年当选）、清华大学校务会议临时主席（1948）、清华大学校务委员会主任委员（1949）等职。

"天若有情天亦老，人间正道是沧桑。"以1949年新中国成立为界，冯友兰同中国的广大知识分子一样，随同整个中国进入了一个新天地。这的确是一个翻天覆地的大变化。这变化如同北京夏季天空的滚雷，轰轰鸣鸣，震撼环宇。它给自然、社会、人生都带来了强烈的变化。

巨大的社会变化，给冯友兰带来了新的历史机缘，这就是1952年的院系大调整，冯友兰重返北京大学。

随着新中国成立以来的一系列政治运动，年轻的共和国在经济、政治、军事等方面都得到了加强和巩固。国土的统一，经济的恢复，使广大人民群众，包括知识分子在内，很快在政治上接受并认同了共产党领导的新政权，群众被发动起来。这个新政权比以往历史上任何一个政权都更为彻底地以政治力量向社会渗透。因此，文化、教育、新闻、出版、思想、学术等意识形态方面的改革便被提到议事日程上。1952年上半年，在全国高校教师范围内开始了大规模的思想改造运动，接着便进行了全国高校的院系大调整。院系调整实际上就是按照当时苏联的教育模式和教学体制来改造旧中国的高等学校，这在中国现代教育史上是一件大事。

在调整过程中，北大、清华这两个教育重镇变动最大。清华以工科为主，所以北大工科方面的院系归并清华。北大为综合性大学，故清华文法科方面的院系归并到北大。北大也由城里的沙滩搬到了西郊原燕京大学旧址。在大变动中，哲学系又为大中之大者。全国各大学哲学系除北大外全部被取消，其他大学哲学系的教师都集中在北大哲学系。这样，全国就只有一个哲学系。

院系调整后，冯友兰告别了他多年生活和工作过的清华园，重新回到他早年求学的母校。此时，全国著名的哲学家、哲学史家云集北大。原北大哲学系的有熊十力、汤用彤、郑昕、贺麟、朱谦之、胡世华、任继愈、齐良骥、王太庆、汪子嵩、李世繁、晏成书、杨祖陶、黄楠森等；原清华大学哲学系的有金岳霖、冯友兰、张岱年、邓以蛰、沈有鼎、任华、王宪钧、周礼全、朱伯崑等；原燕京大学哲学系的有洪谦、张东荪、吴允曾等；原武汉大学哲学系的有黄子通、周辅成、江天骥、石峻、陈修斋、张世英等；原南京大学哲学系的有宗白华、熊伟、何兆清、苗力田等；原中山大学哲学系的有李日华、方书春、马采、王锦娣、容汝煜等。除哲学专业外，还有原清华和燕大两校合并的心理学专业，教授有唐钺、孙国华、沈迺璋、程迺颐、周先庚等。此时，北大哲学系可谓众贤盈庭，群英聚集，开创了中国现代哲学史上空前未有之局，在中国几千年的历史上，可能只有齐国稷下学宫能与之相比。冯友兰从1952年9月重返北大，至1990年11月去世，他在北京大学度过了38个春秋。38年是历史的一瞬，然而对于人的一生来说，它又是一个漫长的历程。新中国成立后的40多年，如同中国几千年历史的浓缩，其间所发生的事，惊心动魄，使人目不暇接。冯友兰犹如大海中的航船，随着狂风巨浪在波涛汹涌的大海中，度过了他起伏不定的后半生。这期间，大体上可分为三个阶段。

从1952年至1966年，冯友兰经历了新中国成立初期的思想改造运动、反右运动、"大跃进"、三年自然灾害及社会主义教育运动等。在"文化大革命"前阶段中，尽管冯友兰在每个政治运动的周期中都受到触及甚至批判，特别是亲眼目睹了反右斗争对知识分子的伤害，但他对共产党和毛泽东仍抱有崇敬和热爱的心情。可以说从1949年至1965年这十几年间，特别是20世纪50年代，是知识分子充满理想的时期。这期间，尽管冯友兰因"抽象继承法"和"树立一个对立面"等问题，遭到极"左"思想的批判，但他对马列主义、毛泽东思想仍抱着"仰之弥高，钻之弥坚"的敬仰和学习态度，并常以《庄子·秋水》中的寿陵馀子为戒，"不中途而废"。但历史进入60年代，清明景象逐渐模糊，直至"文化大革命"的狂飙席卷全国，冯友兰又被迫卷进政治旋涡而难于自拔。

如果说"文化大革命"前冯友兰所受到的一系列批判是对"事"不对"人"的

话，那么，"文化大革命"风暴一起，冯友兰似乎陷入"灭顶之灾"。他同当时的所有"牛鬼蛇神"一样，遭批判、斗争、抄家、劳改、隔离审查等劫难，不仅受到思想上的批判，更多的则是受到人身攻击。因此，无论在学术上，还是在精神上，甚至在肉体上，他都受到了从未有过的折磨。这位当时已是70多岁的善良老人，一位惯于向生活和社会作反思的哲学家，此时却经历了他一生中最为凄惨的漫长岁月。

1976年10月，是中国现代史上最值得纪念的日子，嚣张一时的"四人帮"垮台了。从此，冯友兰同全中国人民一起，进入了一个新的历程，但人已垂垂老矣。

粉碎"四人帮"后，自1977年6月起，冯友兰又遭到了严厉的批判。"背靠背"地揭发，"面对面"地批判，使这位年届82岁高龄的老人又陷入了大是大非的泥潭之中，直到1979年才又一次得到"解放"。而在被"解放"的前不久，冯友兰失去了与他同甘共苦、陪伴他一生的老伴任载坤女士。这一打击对于冯友兰来说是难以用语言表述的。他在为任载坤女士所拟挽联的下半阕中说："从今无牵挂，断名缰，破利锁，俯仰无愧怍，海阔天空我自飞。"言语之间透露了冯友兰无限苍凉的心境，这种接近道家的语言，使他彻悟了人生的真谛。然而，冯友兰毕竟还是传统儒家思想孕育的时代产儿，在毛泽东、周恩来相继去世的时刻，在他几乎失去一切的情况下还有一件大事牵挂着他，那就是祖国的旧邦新命，中华民族的前途。

在对历史和自己的经历作了一番反思之后，冯友兰又以"老骥伏枥"的精神，全神贯注地进行他的哲学创作——继续撰写《中国哲学史新编》，以期用自己的生命作燃料，延续和光大中国传统文化这团真火。从1980年起，冯友兰开始修订"文化大革命"前出版的《中国哲学史新编》第一、二册，并拟出7卷本的写作计划。此时冯友兰已进入85岁高龄。

"志道精思，未始须臾息"，"火传也，不知其尽也"。冯友兰以惊人的毅力和顽强的信念，终于又用10年功夫完成了7卷本的《中国哲学史新编》。《中国哲学史新编》完成了，冯友兰的生命也结束了。这难道是一种巧合吗？很难设想，一位从85岁撰写至95岁的老人，用10年时间写出了150万字的中国哲学史，这在古今中外的历史上也是极为少见的。可以说，这位伟大的哲学家为我们的民族创造了一个历史的奇迹。这个奇迹的背后，有一个最大的动力在支撑，即冯友兰对中国文化兴亡的终极关怀。

冯友兰著述宏富，然而却非为著书而著书也。在他的垂暮之年，所以能够屡屡战胜疾病的折磨，克服亲人伤逝的悲哀，超越各种不实的责难，承受急风暴雨的冲击，正是有一种特殊的使命感作为他的精神支柱。其用心也苦，明志也远，就是为了保住中国文化的根基和命脉，以期发扬光大并自立于世界民族之林。他常引用张载的话说："为天地立心，为生民立命，为往圣继绝学，为万世开太平，此哲学家所应自期许者也。"在抗日战争最艰苦的岁月，他写了"万里长征，辞却了，五朝宫阙。暂驻足，衡山湘水，又成离别"的悲壮诗篇，期许着"复神京，还燕碣"。抗战胜利了，他又期许着新的理想："我国家，以世界之古国，居东亚之天府，本应绍汉唐之遗烈，作并世之先进……亘古亘今，亦新亦旧，斯所谓'周虽旧邦，其命维新'者也。"无论是外族入侵，还是"十年浩劫"，冯友兰献身中国文化的宏图远志须臾没有因外在的厄难而动摇。此正如他自己所述："阐旧邦以辅新命，余平生志事，盖在斯矣。"

（三）贞元六书

冯友兰著作等身，集中西文著作40余种，文章逾500篇，遗书集《三松堂全集》14卷，超600万言，另有《冯友兰英文著作集》及《庄子·内篇》英译。在其所有著作中，流传最广、影响最大者，莫过冯友兰生前所概括的"三史六书"。1990年，冯友兰的两卷本《中国哲学史》在台北重新出版。他在该书台北版自序中说："余平生所著，三史六书耳。三史以释今古，六书以纪贞元。"冯友兰逝世后，矗立在万安公墓的花岗岩石碑的碑阴处，亦刻有"三史以释今古，六书以纪贞元"这12个苍劲挺拔的大字。足见这12个字最能概括并反映冯友兰一生的学术追求和他对中国哲学、中国文化的贡献。

所谓"三史"，即《中国哲学史》《中国哲学简史》《中国哲学史新编》；"六书"，即冯友兰于抗战时期所发表的《新理学》《新事论》《新世训》《新原人》《新原道》《新知言》，他统称之为"贞元之际所著书"，亦简称"贞元六书"。

两卷本《中国哲学史》是冯友兰20世纪30年代的学术里程碑，是冯友兰以哲学史家名世的第一部重要著作。同时，它也是中国现代学术史上唯一能与胡适的《中国哲学史大纲》相比肩的开新之作。

在五四新文化运动以前，中国哲学史的研究基本上仍采取旧的"经学"形式。虽然在旧民主主义革命时期，中国已出现某些新建的哲学模式或哲学体系，但对于哲学史的研究，基本上都没有超出旧史学家的范围。1912年2月，胡适首先出版了《中国哲学史大纲》卷上，开始用近代史学方法研究中国哲学史。他从老子、孔子讲起，砍掉了三皇五帝的传说，废除了正统与非正统的观念，反映了五四时期在思想、文化及学术上反封建的历史潮流，在当时"给人以耳目一新的感觉"。胡适的这本书无疑对当时还是北大三年级学生的冯友兰产生了很大影响。

1931年和1934年，冯友兰在讲课的基础上，先后出版了两卷本的《中国哲学史》，他在该书"绪论"中，对哲学史研究的对象、方法及取材标准等问题都作了明确的界说。他完全采取了近代的史学方法，不但一改过去哲学与历史不分的经学史传统，而且使哲学史从哲学与历史的研究中独立出来，为中国哲学史这门学科奠定了科学研究的基础。同时，两卷本《中国哲学史》在某些方面克服了胡适《中国哲学史大纲》的缺点。首先，两卷本《中国哲学史》从先秦孔子一直写到近代廖平，是中国第一部比较完整和系统的中国哲学史著作。其次，该书把中国古代哲学史划分为"子学时代"与"经学时代"两个时期，并认为"经学时代"之后，将有一个新的时代接替旧的时代。这种见解包含了历史是发展的观点，并用经济的和社会的原因说明中国哲学史的发展和演变，从社会形态的更替解释不同形态的哲学的发生、发展过程。第三，就方法说，该书运用逻辑分析方法，把中国哲学史中模糊不清，具有整体性和直观性的概念、范畴、命题以及复杂的哲学体系给以厘清。如对先秦名家给以"别同异"和"合同异"的区分，对宋代二程给以"心学"和"理学"的区分等等，直到今天仍不能被推翻。

两卷本《中国哲学史》比胡适的《中国哲学史大纲》有更大的突破。它不仅超越了封建经、史学家的眼界和方法，也没有生吞活剥西方近代史学家的观点，并且在某些方面和某些问题上都有自己的新见解。这些具有开创性的新见解，对于中国哲学史这门学科的建立及研究起到了奠基作用，并代表了那个时期中国哲学史研究的最高水平。20世纪40年代该书被译成英文出版，成为西方人学习和研究中国哲学史的范本，其影响一直保持至今。

"贞元六书"是冯友兰的哲学著作。六部书构成了他哲学思想的完整体系，他也把这个体系称作"新理学"。其中《新理学》是"新理学"体系或"六书"的核心和总纲。其中心观点是"两个世界"的学说，即所谓的"真际世界"与"实际世界"或称"真际"与"实际"。他认为"某种事物之所以为某种事物者，可以先某种事物而有"。这是因为"某种事物之所以为某种事物者，在逻辑上先某种事物而有"，这实际上是中国传统哲学中的"理"与"事"的关系。其所以强调"真际"或"理世界"比"实际"或"殊相"更根本，目的在于突显他的哲学体系的形上学性质，以其逻辑分析的思辨性为他整个哲学体系建立基础。总之，《新理学》是对宋明理学的进一步阐发，再加上西方新实在论和新柏拉图主义的影响，使他对"真际"与"实际"、"共相"与"殊相"、"理"与"气"、"体"与"用"等概念范畴的讨论比宋明理学前进了一大步。此外，他对西方哲学方法的了解和运用，又使他的"新理学"体系获得了现代哲学的意义。

把"新理学"原理应用到社会，便构成《新事论》的基本内容。在这部著作中，冯友兰对清末的"洋务运动"及五四以来的"东西文化论战"、20世纪30年代"本位文化与全盘西化的论战"作了一个总结，认为东西文化的差异并不是一个东西的问题，而是一个古今的问题。一般人所说的东西之分，其实不过是古今之异。在冯友兰看来，当时中国落后的原因，主要在于经济上没有经过产业革命。

冯友兰文化观的形成，十分得力于他深刻的哲学思维。在不同的文化矛盾冲突的时代，他以其哲学家的冷静头脑，深思熟虑地提出了"文化总体"说和"文化类型"说。他认为，文化是一个"总和体"，因此不能脱离具体文化而谈中西。比如民族性，"他就是中国从古及今，一切圣凡贤愚之行为性格之总和体，除此之外，别无中国民族性"。关于"文化类型"说，他认为，中西文化的差异从根本上说，乃是古今或城乡的差异。所谓古今之异，即古代与近代的差别；所谓城乡之异，即社会类型或生产方式的差异，亦即"生产社会化"与"生产家庭化"的差异。他认为，要想实现中国文化的复兴和中华民族的强盛，唯一的办法即是实现产业革命。

他还把"新理学"原理应用到人生中，形成《新原人》一书。此书综合古代儒家、道家、佛家的伦理精神，提出"四境界"说，即自然境界、功利境界、道德境界和天地境界。他认为一个完整的哲学体系，必须能够说明个人与其周围各方面的关系，而上述四境界即是人与周围各方面可能出现的四种关系。其中的"自然境界"是最低层次的精神境界，是人们对周围各方面的一种混沌关系。这种关系有如儿童的天真烂漫，是一种"觉解"最浅的朴素意识。所谓"功利境界"，其行为都有他们所确切了解的目的。"他们于有此种行为时，亦自觉其有此种行为。他们的行为目的，都是为利。"在"道德境界"中的人，其尽伦尽职并不计其行为所及的对象是不是值得他如此，否则就从道德境界转化为功利境界。所谓"天地境界"，就是人和宇宙的关系。他举《正气歌》与《西铭》为例，说明天地境界乃是一种最高、最完善的境界。在这种境界中的人，不但觉解其是"大全"的一部分，并且自同于"大全"。一个人自同于"大全"，则"天"与"人"、"我"与"非我"的界限完全泯灭，而达到"体与物冥"、"万物皆备于我"、"得其所一而同"的境界。

冯友兰的"天地境界"说是他伦理思想的集中体现，也是他整个"新理学"体系的逻辑归宿。他企图让人们站在一个比自然、社会更高的角度看人生，并以此说明人的道德行为具有一定的超时代、超社会的意义。

"贞元六书"是冯友兰哲学创作中的精心得意之作,也是他整个哲学创作的高峰。在"六书"中,冯友兰表现出强烈的民族忧患意识和爱国主义情怀。他对于中华民族的哲学智慧,对于造就一个自立于世界民族之林的新中国充满信心。

冯友兰正是以这种精神坚持晚年的写作,完成了他一生中最后一部著作——作为"三史"之一的《中国哲学史新编》。7卷本的《中国哲学史新编》不仅与20世纪30年代两卷本的《中国哲学史》有着根本的不同,而且与40年代出版的《中国哲学简史》,60年代出版的《中国哲学史新编》第一、二册也有明显的差别。其新的特点如下:

第一,《中国哲学史新编》在两卷本《中国哲学史》充实的史料基础上,又增加了许多新史料,并加强了民族性和时代特点的分析。

第二,《中国哲学史新编》突出了哲学史中各个时代的哲学家及其哲学体系的理论思维成果,有明晰可读的理论分析和实事求是的中肯评价。

第三,《中国哲学史新编》通过对中国古代哲学的整理研究,注意了中国哲学产生、发展及演变的文化环境和政治、经济背景。因此,它所包含的内容不仅仅是哲学史,而且涵盖了以中国哲学为中心的中国古代思想文化发展的历史。

第四,与"文化大革命"前的《中国哲学史新编》第一、二册相比,7卷本《中国哲学史新编》打破了原来所自立的"清规戒律",完全是以作者自己的理解和体会对中国传统哲学和文化进行反思,不依靠任何人。所以,它可以成为冯友兰学术思想的晚年定论。这是《中国哲学史新编》最重要的特点。这一特点决定了作为"三史"之一的7卷本《中国哲学史新编》最终成为冯友兰哲学创作和学术生命的最后一个里程碑。

冯友兰于1990年11月26日辞世。在他的一生中,虽然走过了许多曲折的路,但无论遇到什么困难和挫折,他都未停止过自己的研究和写作。他用自己的生命铸成了一座思想学术的丰碑,并在这世纪之交的丰碑上,镌刻着这样的理想:智山慧海传真火,愿随前薪作后薪。

(李中华)

二、冯友兰先生与西南联大

2007年是卢沟桥事变七十周年，我国开始全民抗战七十周年，也是西南联大成立七十周年（包括前身长沙临时大学）。八年抗战，中华民族经历了各种苦难，终于取得了最后的胜利，西南联大也是这段历史中极辉煌的一部分。

余生也晚，没有赶上入西南联大，而是一名联大附中的学生，只因是西南联大教师的子弟，也多少算是亲历了那一段生活。生活是困苦的，也是丰富的。虽然不到箪食瓢饮的地步，却也有家无隔宿之粮的时候。天天要跑警报，在生死界上徘徊，感受各种情绪的变化，可算得丰富。而在学校里，轰炸也好，贫困也好，教只管教，学只管学。那种艰难，那种奋发，刻骨铭心，永不能忘！

（一）西南联大的"得力之人"

抗日战争时期，正是国难当头，民族危亡之际，一种生死存亡的紧迫感，让人不能懈怠。冯友兰先生曾在他为学校撰写的一次布告中写到："不有居者，谁守社稷？不有行者，谁捍牧圉？"不论是直接参加抗日还是留校学习，"全国人士皆努力以做其应有之事"。前者以生命作代价，后者怎能不以全身心的力量来学习。学习的机会是多少生命换来的，学习的成绩是要对国家的未来负责的。所以联大师生无论遇到怎样的困难，从未对教和学有一点松懈。1938年，一批师生步行从长沙经贵阳，跋涉丁里，丁4月26日到昆明，5月4日就开始上课。1942年以前，昆明常有空袭，跑警报是家常便饭，是每天必修之课。师生们躲警报跑到郊外，有的在乱坟堆中仍然上课。这种不屈不挠的精神，上昭日月。

管理学校，校方要和政府打交道。学校当局有多少自由，以实行自己的规划，对办好学校来说是关键性的。1942年6月，陈立夫以教育部长的身份三度训令各高校规定课程设置、考试制度等，教材需呈部核示。联大教务会议以致函联大常委会的方式，驳斥教育部的三度训令。此函由冯友兰先生执笔，全文如下：

敬启者，屡承示教育部二十八年十月十二日第25038号，二十八年八月十二日高壹3字第18892号、二十九年五月四日高壹1字第13471号训令，敬悉。部中对于大学应设课程及考核学生成绩方法均有详细规定，其各课程教材亦须呈部核示。部中重视高等教育，故指示不厌其详。但准此以往，则大学将直等于教育部高等教育司中之一科，同人不敏，窃有未喻。夫大学为最高学府，包罗万象，要当同归而殊途，一致而百虑，岂可以刻板文章，勒令从同。世界各著名大学之课程表，未有千篇一律者；即同一课程，各大学所授之内容亦未有一成不变者。唯其如是，所以能推陈出新，而学术乃可日臻进步也。如牛津、剑桥即在同一大学之中，其各学院之内容亦不相同，彼岂不能令其整齐划一，知其不可亦不必也。今教部对于各大学束缚驰骤，有见于齐，而无见于畸，此同人所未喻者一也。教部为最高教育行政机关，大学为最高教育学术机关，教部可视大学教学研究之成绩，以为赏罚殿最。但如何研究教学，则宜予大学以回旋之自由。律以孙中山先生权能分立之说，则教育部为有权者，大学为有能者，权能分职，事乃以治。今教育部之设施，将使权能不分，责任不明，此同人所未喻者二也。教育部为政府机关，当局时有进退；大学百年树人，政策设施宜常不宜变。若大学内部甚至一课程之兴废亦须听命教部，则必将受部中当局进退之影响，朝令夕改，其何以策研究之进行，肃学生之视听，而坚其心志，此同人所未喻者三也。师严而后道尊，亦可谓道尊而后师严。今教授所授之课程，必经教部之指定，其课程之内容亦须经教部之核准，使教授在学生心目中为教育部一科员之不若。在教授固已不能自展其才，在学生尤启轻视教授之念，于部中提倡导师制之意适为相反。此同人所未喻者四也。教部今日之员司多为昨日之教授，在学校则一等不准其自展，在部中则忽然智周于万物，人非至圣，何能如此。此同人所未喻者五也。然全国公私立大学之程度不齐，教部训令或系专为比较落后之大学而发，欲为之树一标准，以便策其上进，别有苦心，亦可共谅，若果如此，可否由校呈请将本校作为第……号等训令之例外。盖本校承北大清华南开三校之旧，一切设施均有成规，行之多年，纵不敢谓为极有成绩，亦可谓为尚无流弊，似不必轻易更张。若何之处，仍祈卓裁。此致常务委员会。

此函上呈后，西南联大没有遵照教育部的要求，仍按原定办法进行。这说明斗争是有效果的。

学术自由，民主治校，原是三校共同的理念。现在，三校联合，人才荟萃，更有利于实践。西南联大在管理学校方面，沿用教授治校的民主作风，除校长、训导长由教育部任命，各院院长都由选举产生。以梅贻琦常委为首，几年的时间，形成了一个较稳定的、有能力的领导班子。这是联大获得卓越成绩的一大因素。他们都是各专业举足轻重的人物，又都是干练之才，品格令人敬服。另一个文件可以帮助我们增加了解。

1942年，昆明物价飞涨，当时的教育部提出要给西南联大担任行政职务的教授们特别办公费，这应该说是需要的，但是他们拒绝了。关于此事，在清华大学的档案馆里，还收有一封繁体字的信件，经任继愈先生辨认，我们得到准确的信文。任先生认为此信明白晓畅，用典精当，显然为冯友兰先生手笔，全文如下：

> 敬启者：承转示教育部训令总字第45388号，附"非常时期国立大学主管人员及各部分主管人员支给特别办公费标准"，奉悉一是。查常务委员总揽校务，对内对外交际频繁，接受公费亦属当然。惟同人等则有未便接受者：盖同人等献身教育，原以研究学术启迪后进为天职，于教课之外肩负一部分行政责任，亦视为当然之义务，并不希冀任何权利。自北大清华南开独立时已各有此良好风气。五年以来，联合三校于一堂，仍秉此一贯之精神未尝或异。此为未便接受特别办公费者一也。且际兹非常时期，从事教育者无不艰苦备尝，而以昆明一隅为尤甚。九儒十丐，薪水犹低于舆台，仰事俯畜，饔飧时虞其不给。徒以同尝甘苦，共体艰危，故虽啼饥号寒，尚不致因不均而滋怨。当局尊师重道应一视同仁，统筹维持。倘只瞻顾行政人员，恐失均平之谊，且令受之者无以对其同事。此未便接受特别办公费者一也。此两端敬请常务委员会见其悃愊，代向教育部辞谢，并将原信录附转呈为荷。专上常务委员会公鉴。
>
> 签名人：冯友兰 张奚若 罗常培 雷海宗 郑天挺 陈福田 李继侗 陈岱孙 吴有训 汤用彤 黄钰生 陈雪屏 孙云铸 陈序经 燕树棠 查良钊 王德荣 陶葆楷 饶毓泰 施嘉炀 李辑祥 章名涛 苏国桢 杨石先 许浈阳

签名者共25人。他们分别担任各院院长、系主任等行政职务，付出了巨大的劳动，却不肯领取分文补贴。难得的是，这样想的不是一两个人，而是一群人。除这25位先生外，还有许多位教授也同样具有这样光风霁月的精神。有这样高水平的知识群体，又怎么会办不好一所学校呢！

冯友兰先生在西南联大期间，不仅担任教学，还参加学校领导工作，从1938年起，他一直担任文学院院长。冯先生是西南联大的"得力之人"，西南联大校友、旅美历史学者何炳棣在他的《读史阅世六十年》一书中这样说。老友闻立雕说"得力之人"的说法很好，但还不能充分表现冯先生对西南联大的贡献。应该指出，冯先生为西南联大付出大量心血，是当时领导集团的中坚力量。云南师范大学雷希教授对西南联大校史研究多年，他在《冯友兰先生在西南联大校务活动考略》一文中说："从有案可查的历史记载来看，冯先生在西南联大是决策管理层的最重要成员之一，教学研究层的最显要教授之一，公共交往层的最重要人物之一。"这些说法是符合实际情况的。

据《冯友兰年谱初编》记载，除了上课，冯先生每天都要开会，除每周的常委会、院系的会，还有各种委员会。在繁重的工作之余，他坚持著书立说，建立了自己的哲学体系。他的"贞元六书"，与抗战同终始。第一本《新理学》写在南渡之际，末一本《新知言》成于北返途中。在六本书各自的序言中，他表达了对国家和民族深切宏大的爱和责任感。他引宋朝学者张载的四句话"为天地立心，为生民立命，为往圣继绝学，为万世开太平"，说此为哲学家所自期许者也。听说有一位逻辑学者教课时，讲到冯先生和这四句话，竟为之泣下。冯先生认为哲学不能直接致力于民生，而是作用于人的精神。所以，冯先生的哲学不属于书斋和象牙之塔，他希望它有用。社会科学工作者李天爵先生说，他在极端困惑中看到冯先生的书，知道人除了自己的社会地位，还应当考虑自己在宇宙中的地位。一个普通工人告诉我，他看了《中国哲学简史》，觉得心胸顿然开阔。曾在报上看见，韩国女政治家，曾任大国家党代表朴槿惠在文章中说，在她人生最困难的时候，读了冯友兰的书，如同生命的灯塔，使她重新找回了内心的平静。

20世纪40年代的一天，我在昆明文林街遇到罗常培先生。他对我说："今晚你父亲有讲演，题目是《论风流》，你来听吗？"我那时的水平，还没有听学术报告的兴趣。后来知道，那晚的讲演是由罗先生主持的。很多年以后，我读了《论风流》，深为这篇文章所吸引。风流四要素玄心、洞见、妙赏、深情，是"真名士自风流"的极好赏析，让人更加了解名士风流的、审美的自由人格。这篇文章后来收在《南渡集》中。《南渡集》顾名思义，所收的都是作者在抗战时写的论文，1946年已经编就，后来收在全集中。

最近三联书店出版"贞元六书"和《南渡集》的单行本。《南渡集》是第一次单独出版。它和"贞元六书"一样，凝聚着作者对国家民族的满腔热情。它们距写作时已超过半个世纪，仍然可以感到作者的哲学睿智和诗人情怀，化结成巨大的精神力量扑面而来。

西南联大这所学校虽然已不复存在，但它的精神不会消失，总会在别的学校得到体现，在众多知识分子、文化人身上延续，对此我深信不疑。冯友兰先生在他撰写的《国立西南联合大学纪念碑文》中为这一段历史做出了深刻而全面的总结。

此文不仅内容丰富且极富文采，可以掷地作金石声。不止一个人建议，年轻人应该把它背下来。我想，记在心上的是这篇文章，也就是对西南联大永恒的纪念。

（二）三史释今古 六书纪贞元

人寿绝少超过百年，而思想却可以活过百年千年，一直活下去。1990年我的父亲冯友兰去世。头几年，信箱里仍常有他的信件。我看到总有一种混淆了阴阳界的异样感觉。我拆阅后小心地收好，偶然也回复。后来，信渐渐少了，但他的著作的传播却从未停止。前两个月又收到写给冯先生的信，信是一位在北大就读的台湾学生写的。他说："冯大师：虽然我知道这是一封您收不到的信，但我还是想向您表达敬意。""贞元六书是改变我一辈子的书，过去我太注重人的动物性，忽略了人的人性，在您的书中我深刻地体会到人性的重要性。"过了几天又有人说起读《中国哲学史新编》的体会，说那真是一部浩瀚如海的大文化史。

父亲已经去世了，只能从九天之上俯视我们，而他的书仍活在人间，与我们为伴。

"贞元六书"是父亲于抗日战争中，在一盏菜油灯下写出的六本书。这六本书构成了他完整的哲学体系。《新世训》序云："事变以来，已写三书。曰《新理学》，讲纯粹哲学。曰《新事论》，谈文化社会问题。曰《新世训》，论生活方法，即此是也。书虽三分，义则一贯。"

《新原人》序云："此书虽写在《新事论》《新世训》之后，但实为继《新理学》之作。"书中提出了人生境界说，要人不断地提高自己的精神境界。《新知言》序云："前发表一文《论新理学在哲学中底地位及其方法》，后加扩充修正，成为二书，一为《新原道》，一即此书。《新原道》述中国哲学之主流，以见新理学在中国哲学中之地位。此书论新理学之方法，由其方法，亦可见新理学在现代世界哲学中之地位。承百代之流，而会乎当今之变，新理学继开之迹，于兹显矣。"序虽简短，六书各自的地位、彼此的关系却说得很是明白。

父亲说，他的哲学是最哲学的哲学，于实际无所肯定。去年，一位老哲学工作者茅冥家先生，写了一本书叫《还原冯友兰》。他的意思就是冯友兰被扭曲了，现在来还原他，这个书写得很内行。他说《新原道》讲形上学的历史，在中国没有一本书讲形上学的历史，如果黑格尔读到这本书，就不会说中国没有哲学了。这是茅冥家先生的意见。我想做学问就像父亲在《新原道》序言中说的，"学问之道，各崇所见，当仁不让"。我觉得这个话非常好。当仁不让，这样才能百家争鸣。当然这也要有它的环境。

1926年，父亲在燕京大学任教，教授中国哲学史，就开始酝酿写一部中国哲学史。1928年到清华，从此找到了安身立命之地。在那里他一直参与学校的领导工作，在教学和行政工作之余，写出了两卷本的《中国哲学史》，这是我国第一部完整的用现代方法写成的中国哲学史，对这个哲学史我也是越来越认识到它的价值。因为以前读书就是匆匆读过去，知其然不知其所以然。这些年读到一些文章，如任继愈先生有文章说，冯先生具有高度的概括能力、现代的治学方法，把我们的中国哲学史梳理得非常清楚，原来说不清楚的地方现在都说清楚了。例如把惠施哲学归结为合同异，把公孙龙哲学归结为离坚白。大家读起来以为本来就是这样的。其实这是我们前辈学者经过多少辛苦工作整理出来的。其他还有很多例子，例如把王弼的《老子注》和郭象的《庄子注》从《老子》《庄子》的附庸地位中独立出来。美国学者欧迪安特别推崇冯先生关于郭象的文章，把它译成英文。1995年我在美国，她把译稿用特快专递寄我，表示对冯先生的崇敬。

关于父亲对中国哲学史的贡献，陈来教授有一篇专文，说明了哪些地方是父亲第一次提出来的，说得很详细，并评价父亲的这些新见发前人之所未发，也是后人不能改变的。

1946年到1947年，父亲在美国宾州大学讲授中国哲学史，一方面和卜德教授一起翻译两卷本的《中国哲学史》。他用英文授课，这个讲稿就是后来的《中国哲学简史》。有人误认《中国哲学简史》为《中国哲学史》两卷本的缩写本，这是完全错误的。它不是两卷本《中国哲学史》的缩写本，而是一本全新的书。如果只是缩写，内容就只限于两卷本原有的，但这书有他新的研究心得，是在一个新的高度上写出的。它用不长的篇幅把很长的中国哲学史说得极为明白而且有趣，真是一本出神入化的书。我每读都如醍醐灌顶，心神宁静。去年有赵复三先生的新译本，译文准确流畅，也是难得的。

1979年我们迎来了改革开放，父亲得以用全身心写作。他用尽生命写出了《中国哲学史新编》这部书，用"春蚕到死丝方尽，蜡炬成灰泪始干"这两句诗来形容实不为过。这部哲学史有它自己的特点，也提出新的看法。

《中国哲学史新编》自序中说这部书的特点"除了说明哲学家的哲学体系外，也讲了一些他所处的政治社会环境。这样做可能失于芜杂。但如果做得比较好，这部《中国哲学史新编》也可能成为一部以哲学史为中心而又对于中国文化有所阐述的历史"。我想他是做到了。

《中国哲学史新编》提出了许多新看法，如对佛教的发展过程，提出"格义"、"教门"、"宗门"三个阶段；又如认为太平天国是向中世纪神权的倒退。《中国哲学史新编》由人民出版社出版，到现在人民出版社只出了六卷，第七卷一直没有能够在该社出版。

父亲曾自撰茔联："三史释今古，六书纪贞元。"这是他对自己工作的总结，也是他的"迹"。现在要问一问"所以迹"，怎么会有这些"迹"。

有人问我，父亲1948年时为什么回国。我对这个问题很惊讶，他不可能不回国，这里是他的父母之邦，是和他的血肉连接在一起的。政权是可以更换的，父母之邦不能更换。中国文化是他的氧气，他离不开这古老的土地，这种感情不是一个爱国主义所能包括的。当然他并没有预测到以后会经历这样坎坷的生活。这也不是父亲一个人的经历，他可以说是一个代表人物。

他在《新世训》序中说："贞元者，纪时也。当我国家复兴之际，所谓贞下起元之时也。我国家民族方建震古铄金之大业，譬之筑室，此三书者，或能为其壁间之一砖一石欤？是所望也。"

《新原人》也有序云："为天地立心，为生民立命，为往圣继绝学，为万世开太平。此哲学家所应自期许者也。况我国家民族，值贞元之会，当绝续之交，通天人之际、达古今之变。"在这样的情况下，哲学工作者"岂可不尽所欲言，以为我国家致太平、我亿兆安心立命之用乎？虽不能至，心向往之。非曰能之，愿学焉"。

"贞元六书"表达了父亲抗战必胜的坚定信念，及对祖国昌盛、民族复兴的热切期望。对祖国的热爱，是他回国的原因，也是他去留学的原因，更是他全部学术工作的根本动力。抗战胜利西南联大结束，父亲写了西南联大纪念碑文，以纪念这一段历史。有文云："并世列强，虽今而不古，希腊罗马，有古而无今。惟我国家，亘古亘今，亦新亦旧，斯所谓周虽旧邦，其命维新者也。"我们是数千年文明古国，到现在还是生机勃勃，有着新的使命。新命就是现代化，要建设我们自己的现代化国家。"旧邦新命"，这是父亲常说的一句话。杨振宁先生说，他第一次读到"旧邦新命"这四个字时，感到极大的震撼。他还对清华中文系的同学说，应该把纪念碑文背下来。父亲把这个意思写了另一副对联:"阐旧邦以辅新命,极高明而道中庸。"这副对联悬于他书房东墙,人谓"东铭",与张载的"西铭"并列。下联的意思是,他追求人生的最高境界(极高明),但又不离乎人伦日用(道中庸),这种境界就是即世间而出世间,上联的意思是他要把我们古老文化的营养汲取出来,来建设我们的现代化国家。这就是他的"所以迹"。

一副茔联,一副对联,一共二十四个字,概括了他的一生。

这二十四个字包含的内容是那样丰富,充满了智慧的光辉,在流逝的时间里时明时暗,却从未断绝,也不会断绝。

(冯宗璞)

冯友兰主要著作:

1. 《一种人生观》,上海商务印书馆1924年版。
2. 《人生哲学》,上海商务印书馆1926年版。
3. 《中国哲学小史》,上海商务印书馆1933年版。
4. 《中国哲学史》,上海商务印书馆1934年版。
5. 《中国哲学史补》,上海商务印书馆1936年版。
6. 《新理学》,长沙商务印书馆1939年版。
7. 《新事论》,上海商务印书馆1940年版。
8. 《新世训》,上海开明书店1940年版。
9. 《新原人》,重庆商务印书馆1943年版。
10. 《新原道》,重庆商务印书馆1945年版。
11. 《新知言》,上海商务印书馆1946年版。
12. 《中国哲学史论文集》,上海人民出版社1958年版。
13. 《中国哲学史论文二集》,上海人民出版社1962年版。
14. 《南渡集》,科学出版社1958年版。
15. 《四十年的回顾》,科学出版社1959年版。
16. 《中国哲学史新编》,人民出版社1962、1980、1983、1984、1986、1988、1991年版。
17. 《中国哲学史史料学初稿》,上海人民出版社1962年版。
18. 《论孔丘》,人民出版社1975年版。

19. 《三松堂自序》，三联书店1984年版。
20. 《三松堂学术文集》，北京大学出版社1984年版。
21. 《三松堂全集》，河南人民出版社1985、1986、1988、1989、1991、1992、1994年版。

汤用彤：中国佛教思想史和魏晋玄学的拓荒者

汤用彤（1893~1964），字锡予。祖籍湖北黄梅，1893年8月4日（农历6月23日）生于甘肃省渭源县。1911年由北京顺天学堂考入清华学堂。1917年赴美，就读于哈米尔顿大学，主修社会学、政治学。1918年转哈佛大学研究院，师从新人文主义者白璧德，主攻哲学及梵文、巴利文。1922年获哈佛大学哲学硕士学位后回国，任东南大学教授、哲学系主任。1926年至1927年任南开大学哲学系教授，1927年任中央大学哲学系教授、主任。1930年任北京大学哲学系教授。1935年兼哲学系主任及文科研究所主任。抗日战争期间任西南联大哲学系教授，曾任系主任兼文学院院长。1946年返回北大任哲学系主任兼文学院院长。1947年当选中央研究院院士、评议员。1949年任北京大学校务委员会主任，第一届全国政协委员。1951年任北京大学副校长，兼任中国科学院哲学社会科学部学部委员，后又出任全国政协常委，第一、第二、第三届全国人民代表大会代表。1954年患脑溢血，1964年5月1日因病复发，于北京逝世。

汤用彤

一、不激不随、至博至大的汤用彤先生

"世界著名大学必须有特殊之精神及其在学术上之贡献。如果一所大学精神腐化，学术上了无长处，则实失其存在之价值。"半个多世纪之前，经过一番颠连南

金岳霖　冯友兰　**汤用彤**　贺　麟　沈有鼎
陈　康　洪　谦　王宪钧　郑　昕　冯文潜

渡后止于昆明的学术大师汤用彤先生于民族危亡之际，为重振精神与物质均受巨大创伤的北大雄风，率同事姚从吾、罗常培、郑天挺等人致书远在美国的胡适，发出了上述殷忧之叹。作为北大校史上一位影响颇深的杰出教育家和享有世界声誉的学术大师，汤用彤先生当年的忧叹所包含的真知灼见也许并非限于一时一地之意义，于今或许仍能警醒和鞭策北大人团结奋进，努力维持北大特殊之精神与特殊之地位于不坠。职是之故，我们尤有必要在北大百年华诞之际，回想这位大师为共塑北大特殊之精神，为确立北大文科之优秀学术传统，为奠定北大在世界学术界之崇高地位所作出的不朽贡献，以示来者以治校、治学乃至为人之规则。

（一）治系与治校

汤用彤先生其父扬霖（字雨三）是光绪十五年的进士，曾任甘肃地方官多年。汤用彤先生"幼承庭训，早览乙部"，受过严格的家庭教育。1908年入北京顺天学校，与梁漱溟、张申府、郑天挺等人同校，曾与梁漱溟共读印度哲学典籍及佛教经典。1911年考入清华学校，该校为美式学校，汤先生在此接受了美雨新知的洗礼。同时亦未舍弃对国文的偏好，曾与吴宓、闻一多等人同到清华国文特别班，研习国故典籍，又与挚友吴宓共创"天人学会"，立志"融合新旧，撷精立极，造成一种学说，以影响社会，改良群治"。1916年夏，毕业后考取公费留美。因治疗沙眼而未能按期成行，乃以学生身份充任清华国文教师，兼《清华周刊》总编辑。1917年夏，入美国汉姆林大学，主修哲学；1919年夏，以优异的成绩进入哈佛大学研究院，仍主修哲学；曾与陈寅恪等人同时师从Ianman教授学习梵文和巴利文；又曾与吴宓、陈寅恪等人接触过哈佛教授、新人文主义大师白璧德，在思想与学术上因有共鸣而颇受白氏之影响。1921年获哲学硕士学位后，留在哈佛继续学习一年。自1922年夏回国至1926年夏，汤先生任南京东南大学哲学系教授，曾任系主任，学生中有后来成为著名古希腊哲学专家的陈康。1926年夏至1927年夏，任南开大学哲学系教授，学生中有后来成为康德专家的郑昕。1927年夏至1930年夏，任南京中央大学（前身为东南大学）哲学系教授、系主任。

1930年夏，北京大学文学院院长胡适以特别研究教授之名义邀请在佛教史领域里深造有得的汤先生到北大哲学系任教。自此，他一直都在北大工作。1955年起，汤先生任北大哲学系主任。抗战时期，任昆明西南联大哲学系教授、系主任，并兼任北大文科研究所主任。1946年随北大复员，任哲学系教授、系主任，兼文学院院长。 1947年夏至1948年夏，休假期间应邀赴美国加州大学伯克利分校讲学一年，授汉隋思想史一课。1948年夏，婉谢哥伦比亚大学的讲学之邀，于内战末期毅然回国，仍任北大哲学系教授、系主任、文学院院长。1948年底，解放军包围北平，12月15日下午，校长胡适乘飞机离开北平，行前致便函于汤用彤、郑天挺："今日下午连接政府几个电报要我即南去，我就毫无准备地走了。一切事只好拜托你们几位同事维持。我虽在远，决不忘掉北大。"未几，国民党政府派人送两张机票给汤先生，胡适亦来电促其南下。在去留之间，汤先生毅然选择了留。他本为一高远之士，独立不倚，不激不随，虽与胡适交谊甚笃，且曾合作共理北大，却难以在去留之间随从胡适。对北大的深爱，对这片学术圣地的依恋，也许是促其留下的原因之一。

胡适南下后，北大教授通过选举成立了校务委员会，汤先生被推选为校务委员会主席，行使校长之职。解放军进城后，对各大学采取"接而不管"的方针，汤先生担任校务委员会主席直至1951年。院系调整后担任北大副校长，主管财务和基建，虽用非所学，仍勤恳工作，恪尽职守。1954年患脑溢血，一度昏迷数月，后经全力抢救而脱险，但身体状况已大不如以前。此后10年，仍努力坚持工作，或由助手协助撰写短文，或带病辅导研究生。1963年五一节晚上，曾上天安门观赏焰火，周恩来总理和毛泽东主席亲切接见了他，并询问其身体状况，鼓励他写些短文。1964年病逝，终年71岁。

汤先生的主要学术著作有：《汉魏两晋南北朝佛教史》初版于1938年，《印度哲学史略》初版于1945年，《魏晋玄学论稿》结集初版于1957年，《隋唐佛教史稿》经整理初版于1982年，《理学·佛学·玄学》经整理初版于1991年，《汤用彤学术论集》经整理初版于1983年等等。新中国成立后，主要社会兼职有：中国科学院历史考古组专门委员，中国科学院哲学社会科学学部委员，《哲学研究》编委，《历史研究》编委，全国人大第一、第二、第三届代表，第一届全国政协委员，第三届全国政协常委。

从汤先生的生平中可以看出，他的学术生涯主要是在北大度过的，几部传世之作皆发表于来北大工作之后。由于他在中国佛教史、魏晋玄学、印度哲学等领域里成就卓著，也由于他的高风亮节，他赢得了北大师生（包括新中国成立前北大的主要领导人胡适）的敬重与爱戴，并因此而长期担任北大的重要职务，起着文科教学和学术研究的主要组织者和带头人的作用。因此，他的治学态度、方法和办学方针对北大文科的学术传统的形成与发展，对北大之特殊精神的弘扬，都产生了深远的影响。

自1935年起，汤用彤先生在很长一段时期内一直主持北大哲学系的工作（包括西南联大时期）。因此，哲学系的教学及研究方向与深度，均与他本人的研究和领导有很密切的关系。新中国成立前可与北大哲学系相提并论的是清华大学哲学系，后者的特点是非常注重逻辑，有"逻辑实证论学派"之称。此种风气之长处在于培养学生独立思考哲学问题，受过相关训练的学生往往喜好构造哲学体系，以致一度曾有清华哲学系学生"成则为王，败则为寇"的戏言。系主任金岳霖可以说是成功者，他建构了现代中国哲学史上较博大精深的哲学体系。受汤用彤领导的北大哲学系则风格迥异，不大注重逻辑学，没有专职讲授逻辑学的教授。虽曾聘请金岳霖、张申府等人来北大讲授逻辑学，但在学生中引不起太大的兴趣。在北大哲学系，哲学史和佛教哲学的研究与教学最受重视。哲学史又包括欧洲哲学史、中国哲学史、印度哲学史，而这三门课程汤用彤先生都曾讲授过，而且颇受欢迎。他的学生冯契回忆道："他一个人能开设三大哲学传统（中、印和西方）的课程，并且都是高质量的，学识如此渊博，真令人敬佩……他讲课时视野宽广，从容不迫。资料翔实而又不烦琐，理论上又能融会贯通，时而作中外哲学的比较，毫无痕迹；在层层深入的讲解中，新颖的独到见解自然而然地提出来了，并得到了论证。于是使你欣赏到理论的美，尝到了思辨的乐趣。所以，听他的课真是一种享受。"他的一些学生至今还保存着当年的听课笔记，以之为珍藏。

在北大哲学系，佛教哲学的研究与教学可以说是沿袭相传，少有间断。除汤用彤先生本人以外，周叔迦、熊十力诸位先生都曾讲授过相关课程。马叙伦讲授庄子哲学时也是以佛教哲学（唯识学）解释庄子的思想。在欧洲哲学的教学与研究中，最受师生欢迎的还是古典哲学。西方现代哲学诸如实用主义、罗素、怀特海哲学在北大哲学系市场不大。汤用彤先生开设的大陆理性主义（笛卡尔、莱布尼兹、斯宾诺沙）和英国经验主义（洛克、贝克莱、休谟）两门课程则颇受欢迎。他讲授这两门课程的目的主要是加强学生的哲学思维训练，使其知道学习和研究中国哲学必须有对外国哲学的深刻理解，必须了解外国哲学特有的概念、范畴和推论方法，必须受过这种专门的训练，研究中国哲学才能有广阔的视野，才能找到新的研究角度，也才能达到一定的深度。他的学生张岂之回忆道："大约是1947年春天，汤先生刚结束'魏晋玄学'的课程，立即开出'英国经验主义'的课程。上第一课的情景，至今历历在目。汤先生衣着朴素，一头短短的浓发，用低沉有力的声调对学生们说，他之所以要开经验主义和理性主义，是想让学生们知道，学习和研究中国哲学史，必须懂得外国哲学史……有了这样的基础，再研究中国哲学史，思路才打得开，才能开创出新局面。"①

新中国成立后，北大哲学系重视中外哲学史和佛教史的风气仍然得以延续，这一传统及其所达到的水平可以说是该系的"家底"。受过相关训练的学生往往功底扎实，视野开阔，见解不俗，其研究成果多能在严谨中透出较恢宏的文化历史感。此种学术特色或传统之影响面则不仅限于北大，还向全国辐射。这是因为汤用彤先生新中国成立前后的学生如向达、郑昕、熊伟、王明、任继愈、庞景仁、齐良骥、石峻、冯契等人，既有在北大工作的，也有在全国各高等院校或研究机构工作的，他们都成为所在单位的科研和教学骨干。

汤用彤先生既大有功于北大文科学术特色的确立，亦颇有功于维持北大特殊之精神，即"自由研究精神"。在几部传世之作中，他都曾多次论述自由对思想演进的重要性，正是此种丰厚的历史文化意识使他非常自觉地参与北大"特殊之精神"的维持。在本文开篇所引的那封致胡适信中，汤用彤先生指出："北大自蔡先生任校长以来，即奖励自由研究，其精神与国内学府颇不相同。"在他看来，正是此种自由研究的精神才使北大在学术上得到长足之进步，享有特殊之地位。新中国成立前，他对那些"学得文武艺，卖与帝王家"的文人之举颇有微词，这正说明他主张学术自由的立场是相当自觉和鲜明的。力谋学术上之建树则是汤用彤先生治理北大文科之根本旨趣，盖学术特色与精神必附丽于学术成就方可相互辉映，从而拱卫大学之崇高地位。

抗战时期，汤用彤先生担任西南联大哲学系主任兼北大文科研究所主任，成为北大文科的实际负责人之一。面对"自南迁以来，北大之精神物质均受巨大之损害，学校虽幸而存在，但所留存者不过是一些老卒残兵"的局面，汤先生有"如不及时振奋，恐昔日之光辉必将永为落照"的担忧。另一方面，他对民族前途充满信心，相信国家厄运终止有期，北大应可重返北京。因此，他高瞻远瞩地指出：应在事前为北大之前途预为筹备。鉴于北大文科研究所过去颇负盛名，联大时期更为北大唯一的自办事业，要想重振北大文学院，并为复校以后预备，显然应该从充实文科研究所着手。为此，他向胡适提出了以下几条充实途径：1. 设法使大学本科文学院教师与研究所融合为一，促进其研究之兴趣，学校多给以便利，期其所学早有具体之表现。2. 聘请国内学者任研究所专职导师，除自行研究外，负指导学生之责。如此则学生受教亲切，成绩应更优良。而北大复校后教师实须增加，文科研究所现聘导师亦即为将来预备。3. 在现状之下酌量举办少数之学术事业，如重要典籍之

① 汤用彤：《燕园论学集》，北京大学出版社1984年版，第67~68页。

校订，古昔名著之辑佚，敦煌附近文物之复查，藏汉系语言之调查，等等。4. 学校书籍缺乏，学生程度亦较低落，研究所学生应令其先读基本书籍，再作专题研究。而优良学生于毕业后，学校应为之谋继续深造之机会。1943年，汤先生再次致书胡适，为求建树筹募经费，极望胡适予以援助，并列数向达在敦煌考察之成就及困难，力请胡适为西北调查所筹款。新中国成立后，汤先生虽不再执教，但也相当关注文化和学术建设。1957年，在中国科学院学都委员会第二次全体会议上，他作了较长的书面发言，批评了社会科学界的领导对一些老专家不了解、不重用的官僚主义现象；还从学科建设出发，倡导整理和出版一些重要文化典籍，如《道藏》《太平御览》《大藏经》；他还反对学术机构对外闭关，对多年来得不到国外学者的新书感到不满，主张恢复教授休假制度，派他们到国外去考察研究，加强与国外文化、学术界的交流和联系。由此亦足见他对民族文化、学术建设的执著和关切。

近一个世纪以来，正是由于蔡元培、胡适、汤用彤等一批思想、学术大师努力开创、维持和弘扬北大特有的自由研究精神，并力谋学术上之建树，北大才以其优秀的学术传统和迥出众流的学术成就在世界上享有崇高的地位。他们留下了一笔丰厚的精神遗产，今日治系治校之北大人或许亦可从中吸取很多进道之资。

（二）治学：会通中西，镕铸古今

在学术研究中，汤用彤先生可以说是一位勤奋严谨、默默耕耘而又淡泊功名的醇儒，但《汉魏两晋南北朝佛教史》和《魏晋玄学论稿》却使他获得了世界性的声誉。半个多世纪以来，这两部著作一直都是该领域里学人们必读的经典著作，由此可见其生命力之恒久。而此种生命力之来源，则在于这位学术大师在内感民族文化之衰颓，外受世界思潮之激荡的大背景中，既能会通中西以求学术之新运，又能镕铸古今而得学术之厚重精深。诚如季羡林先生所言，汤用彤先生之被认为是现代学术史上少数几位既能会通中西，又能镕铸古今的学术大师之一，此乃国内外学者之公言，而非一人之私言。兹不揣浅陋，将汤先生的上述两部传世之作以下简要之绍述。

贺麟先生在20世纪40年代就曾指出："写中国哲学史最感棘手的一段，就是魏晋以来几百年佛学在中国的发展，许多写中国哲学史的人，写到这一期间，都碰到礁石了。然而这一难关却被汤用彤先生打通了。"[①] 在笔者看来，《汉魏两晋南北朝佛教史》一书主要是以两条线索来打通这一难关的，即一方面疏寻佛教思想之脉络及宗派之变迁，另一方面则随时留意于作为外来文化的佛教与本土文化之关系。扼

---

① 贺麟：《五十年来的中国哲学》，辽宁教育出版社1989年版，第22页。

要言之，则汉代为佛教初传期，其势力甚小，乃不能不依附中国道术而成为佛道。于教理则偏离无我轮回之原旨，而主精灵不灭，倡省欲去奢，仁慈好施，于行道则附以禅法。职是之故，佛教乃被目为96种道术之一，在入华后相当长的一段时间内，寂然无所闻见或其迹不显。汉魏之际，中华学术以清谈之渐靡而至玄风之飚起，此时佛教已拥有较多可资为据之汉译佛经，一方面乃脱离方术，另一方面则进而高谈清静无为之致，即依附玄学而成为佛玄或玄理之大宗。初有支谦力探人生之本真，以神与道合为主旨。至道安时代，乃有异计繁兴之般若学，于释性空虽有六家七宗之异，然所论之问题则同属玄学之域，此即本末真俗与有无之辨，且皆未尝离于人生。及至罗什来华，大乘学义理昌明，三论大兴。其弟子僧肇解空第一，使玄学在理论上达到最高峰。南北朝时期，佛教呈现出南华北淳的学风之异。北方佛教重宗教行为，且与经学俱起俱弘，末期经论讲之风大盛，下接隋唐之宗派。南方则偏尚玄学义理，上接魏晋之佛玄。陈隋之际的南北交道为佛教的统一奠定了基础。

汤用彤先生另有《隋唐佛教史稿》一书论述隋唐佛教之发展，他认为，隋唐可谓佛教之鼎盛期，佛教自身已具统一性、独立性、国际性、系统化等特点。宗派的确立使中国佛教呈现出多元竞起的极盛局面，一些宗派的完全中国化不仅使其获得了在中国本土扎根生长的生命力，更使其成为中国文化的一部分，影响了此后中国主流文化的新生和发展。然而，盛极必衰，五代后的中国佛教因精神非旧，更受孔教复兴之排斥，而仅能存其躯壳。

正是在此种切实深入的中印文化交流史研究的基础上，汤先生后来撰写了一篇专文《文化思想之冲突与调和》，参考西方的文化人类学的理论，一方面指出文化交流的双向性，即外来文化输入本地后，必须适应新的环境，才能在与本地文化的冲突中生存流行，因而它必须先改变自己的本来面貌，也正由于它改变了自己的固有特色与形式，因而适应了新的环境，它也就被本地文化吸收融化，成为本地文化中的新成分；另一方面，汤先生又勾画出外来文化与本地文化接触融合的步骤或阶段，即①因为看见表面的相同而调和；②因为看见不同而冲突；③因为发现真实的相合而调和。此一基于历史的概括可以说是旨在将文化史的研究导入"真理之探讨"的堂奥，其结论亦确实具有一定的普适性。

至论《魏晋玄学论稿》一书，则可以说清晰而又深刻地勾勒了魏晋时期中华学术思想自身的变迁发展之迹。新中国成立前，汤用彤先生在发表《汉魏两晋南北朝佛教史》一书后，本拟采文德尔班写《哲学史教程》之方法，写一部以问题为中心的断代哲学史——《魏晋玄学史》，终因社会动荡而未能遂愿。新中国成立后，他将以前发表或尚未发表的旧稿集成《魏晋玄学论稿》交出版社印行,该书基本上对玄学中的重要问题都做了详尽而又深入的探讨。

汤先生持文化渐进观,认为历史变迁常具连续性,文化学术虽异代不同,然其因革推移,悉由渐进。因此,他一方面立论以为,汉魏之际,中国学术起了甚大变化,另一方面则认为此种变化非骤溃而至,乃渐靡使然。他从分析刘劭《人物志》入手,说明该书中表现出的社会思潮乃是汉学向玄学演进的中介。《人物志》一书乃是在汉代品鉴人物的时风中形成的名学之集大成者,以检定形名为中心。该书可以说上接汉代清议,却又不同于正始年间之清谈,学理上尚限于循名责实,纯粹高谈性理及抽象原则,绝不可见。但谈论既久,由具体人事以至抽象玄理,乃学问演进之必然趋势;而且,《人物志》已采道家老学之旨,因而下启正始老学兴盛之风。所以,汤先生称名学为准玄学,认为形名之辨作为汉魏之际的社会思潮或时风为玄学的勃兴作了理论上的准备。

在上述分析的基础上,汤先生更以其深厚的西方哲学素养和敏锐的理论洞察力,揭示了汉学与魏晋玄学的差异之本质所在。他认为,汉代学术乃是儒家学说与阴阳家、道家思想的杂糅,谈名教,重元气,对天地万物的总体观没有超出宇宙生成论(cosmology),以元气为宇宙生成之质料。而玄学则贵尚玄远,论天道则不拘构成质料,而进探本体存在,论人事则轻忽有形之迹,而专期神理之妙用。从哲学高度来看,汉代思想向魏晋玄学的演进实质上是从宇宙生成论进展到本体论(ontology)。在他看来,以王弼为代表的贵无论和以向、郭为代表的崇有论都以本末有无之辨为其学说之核心,皆属形上学。不同的是,前者以无为最高本体,落实到人生学上则以反本为鹄,后又发展出越名教而任自然的激进思想;后者则以有为"真实"(reality),在人事上则主张调和名教与自然。但二者都属有无之学或本末之学,皆为本体论。从哲学角度而言,玄学经历了从贵无到崇有(形上学)和从反本到逍遥(人生学)的演变历程;从思想资源的角度而言,则可以说正始时期老学较盛,元康时期庄学较盛,东晋时期佛学较盛。这样,汤先生不仅最早揭示了玄学之为玄学的本质之所在,而且勾画出了玄学演变发展的逻辑历程。

汤先生还引人入胜地探析了玄学家们赖以建构其哲学体系的方法论——言意之辨。言意之辨本源于名理才性之辨,后来玄学中人普遍推广运用之,以之为一切论理之准则和方法。王弼以老庄玄学思想理解易经,在《周易略例》明象篇章中倡得意忘言。他反对滞于名言,主张忘言忘象,体悟言象所蕴含之玄理,把握言象之后的本体。王弼正是依靠这一方法,将汉易中的象数之学一举而廓清之,由此而奠定了使汉代经学转变为魏晋玄学的方法论基础。此后，举凡"忘言忘象"、"寄言出意"、"忘言寻其所况"、"善会其意"、"假言"等等，都袭自王弼之《周易略例》或略有变通。它们与各期玄学家之思想有至为深切之关系。大体而言，玄学中人一般都将言意之辨用于①解经，开自由阐发己意之新风；②证解其形上学体系；③会通儒道二家之学；④建构人生哲学或立身行事之道。由此可见，言意之辨在魏晋玄学中确实具有普遍性的方法论意义。

此外，汤先生对王弼在释大衍义时所得出的具有革命意义的太极新解，对玄学中圣人观念的演变，对谢灵运《辨宗论》的意义等问题均有精研详析，限于篇幅，兹不一一介绍。

《汉魏两晋南北朝佛教史》和《魏晋玄学论稿》这两部传世之作，可以说珠联璧合，相互发明，既理清了佛教思想自身的演变之迹，亦揭示了中华学术思想自身发展的自主性、连续性，从而解决了当时中国文化与印度佛教之关系这一历史文化难题。关于最后一点，汤先生指出："玄学与印度佛教，在理论上没有必然关系"，"反之，佛教倒是先受玄学的洗礼，这种外来的思想方能为我国人士所接受"，"不过以后佛学对玄学的根本问题有更深一层的发挥"①。此论允为定论。因此，当贺麟50多年前评价汤先生"基于对一般文化的持续性和保存性"，而阐发的关于"中国哲学发展之连续性"的"新颖而深切的看法"时，就曾指出，汤先生著作中"宏通平正的看法，不惟可供研究中国哲学发展史的新指针，且于积极推行西化后的今日，还可以提供民族文化不致沦亡断绝的保证。而在当时偏激的全盘西化声中，有助于促进我们对于民族文化新开展的信心"②。此论着实最精要深刻地揭示了汤先生学术成果之根本价值与内蕴。

早在1937年，胡适在校读《汉魏两晋南北朝佛教史》一书的手稿时，就曾在日记中称"锡予的训练极精，工具也好，方法又细密，故此书为最有权威之作"。该书出版后，国外学者亦有誉之者，或赞其为"价值至高之工具或导引"，或称之为"中国佛教研究中最宝贵的研究成果"。在笔者看来，汤先生的学术著作之所以能成为最有权威之作，既因其能会通中西，分析深入，见解独到深刻，立言宏通平正，亦因其能镕铸古今，于史料广搜精求，考证精审，得出令人信服之结论。因此，这里有必要简单介绍一下汤先生较乾嘉诸老更上一层的考据之学。就学术史而言，本世纪新考据学之超胜乾嘉诸老处，既在于史学领域之拓展，亦在于所取材料

---

① 汤用彤：《汤用彤学术论文集》，中华书局1983年版，第304页。
② 贺麟：《五十年来的中国哲学》，辽宁教育出版社1989年版，第23页。

之史加丰富及史识之更加宏通。即以材料而言，不仅有对旧籍之广搜精求，对纸上遗文之辨证精释，亦有对地下实物的发掘整理和运用，更有对异族故书的译解和比照。而这一切又都服务于对民族文化史的建构，而不像乾嘉之学那样拘于名物典章制度之烦琐考辨。从学术思潮具体到汤用彤先生之考据学，则可以说有以下特点：①取材非常丰富。举凡正史，佛典，历代僧传，上古逸史，周秦寓言，笔记小说，诗赋，碑文，敦煌残卷，稗官野史，巴利文和梵文原典，中、英、日、法文之研究著作，等等，无不成为其取材立论、考信辨伪的资料来源；②所涉问题非常广泛，大到佛法东来之年代、路线，经籍之真伪，宗派之传承变迁，僧人之生平，小到一字一句之训读，人名、地名之辨析，乃至佛骨之长短，无一不成为其去伪求真、见微知著的考证对象；③史识宏通。考据若沦为文字游戏，则意义不大。汤先生之考据则每每以解决重大问题、得出一般性结论为宗旨，如前述对佛教与玄学问题之解决及对文化移植三阶段的总结，均为最佳范例；④立论客观平情。史家考据立论往往只搜取于己有利之证据，而汤先生则每每详列有利与不利之证据，给出令人满意的解释，得出令人信服的结论，绝不任立臆说。

在佛教史和玄学研究中，汤先生常以要而不繁之考据给人以启发，使人惊叹其渊博，心折其谨严，叹赏其精审。此处因篇幅所限，不能举例说明，只能将其考据学之一般特点列述如上，未免挂一漏万，尚祈方家指正。

（三）为人："柳下惠圣之和者"

汤先生的学问令人心折，人格魅力亦令人倾倒，其宽厚温和，可谓有口皆碑。

作为一名新人文主义的学术大师，汤先生喜从往圣古哲的前言往行中求取立身行己之大端。其治学固重才性，重知识之增益，更重道德之涵养。早在清华学习期间，他就曾立论以为无道德者难以成名山事业。其挚友吴宓称美他"喜愠不轻触发，德量汪汪，风概类叔度……交久益醇，令人心碎，故最投机"。吴宓此言立于日记，可谓出自肺腑。

20世纪30年代，汤先生到北大任教后，常相往来者有熊十力、梁漱溟、蒙文通、钱穆、林宰平等人。当时熊十力对乃师欧阳竟无之学心存异议，尝撰文驳斥。每聚首，蒙文通必于此与熊氏启争端，喋喋辩不休。两人又从佛学牵涉到宋明理学。遇其发挥已尽，钱穆或偶加一二调和之语。论学问，汤先生对佛学应最为专家，于理学亦深有所得，但每次争论中，他总是沉默不发一语，绝不可因此谓其无学问、无思想，性喜不争使然也。其人性至和，既不傲岸骄世，玩世不恭，亦非擅交际能应世者，一切均率性而为，听任自然，而又从心所欲不逾矩。在他身上，为人与为学始终融凝如一，既不露少许时髦之学者风度，亦不留丝毫守旧之士大夫积习。与时而化，独立而不倚，极高明而道中庸，故钱穆誉之为"柳下惠圣之和者"。但汤先生虽为人和气一团，却绝非一无原则之乡愿。在学术与思想原则问题上，他从来都是不激不随，既不妥协，亦不以此而与人激争，只是在默默中坚执，此种无言的力量常常令人莫测其高深。他与胡适的交往就是一例，他们二人虽交谊甚笃，且曾合作共理北大，但汤先生作为一名文化守成主义者从未附随胡适的全盘西化论，在去留问题上亦未随从胡适南下。此种交往堪称和而不同之典范。

1949年之后，凡与汤先生共事的人也无不叹服这位忠厚长者的人格魅力。1993年，在纪念其诞辰100周年的座谈会上，一些著名学者如季羡林、张岱年、邓广铭等先生，还有做过北大领导的一些先生，如王学珍等人，无不由衷赞美汤先生之品德风范。据其幼子一玄回忆说，汤先生的人格魅力在其逝世后，甚至在疯狂的"文化大革命"中还曾发出震慑人心之伟力，使一群欲抄其书而毁之的红卫兵在其头目的劝阻下终未造次作孽，原因据说是该头目认为"汤先生是个大好人"。

汤先生一生可谓文章道德兼长备美，在北大100、200周年的校庆之时，都应有人来大书特书。

（汤一介　孙尚扬）

二、忆在昆明从汤用彤先生受教的日子

（一）

多年来我一直想要写点纪念文字来献给锡予师，因为在昆明西南联大期间，曾受到汤先生的亲切关怀和春风化雨般的教诲，那是我终生铭记在心的。

我原是清华哲学系学生。1937年抗战爆发，离校到山西前线参加工作，后又到延安和晋察冀、冀中等敌后根据地。1939年秋回到昆明西南联大复学。这时哲学系主任是汤先生，我这才和他相识。我先后选读汤先生的课程有：印度哲学史、魏晋玄学、欧洲大陆理性主义等。他一个人能开设世界三大哲学传统（中、印和西方）的课程，并且都是高质量的，学识如此渊博，真令人敬佩！我因为要参加联大地下党

领导的"群社"的许多活动，如办壁报、组织同学学习革命理论和时事政治等，所以常常缺课，但汤先生的课我却总是认真学习的，除非生病，因为他的课确实吸引人，如高屋建瓴。他讲课时视野宽广，从容不迫，资料翔实而不烦琐，理论上又能融会贯通，不时作中外哲学的比较，但毫无痕迹，在层层深入的讲解中，新颖的独到见解自然而然地提出来了，并得到了论证，于是使人欣赏到了理论的美，尝到了思辨的乐趣。所以，听他的课是一种享受。

1941年1月发生皖南事变，国共关系十分紧张，大后方"白色恐怖"日趋严重，盛传国民党特务已开出黑名单，即将派出武装到西南联大进行大搜捕，一时风声鹤唳，人心惶惶。于是地下党组织决定停止"群社"的公开活动，并把许多骨干分子疏散到乡下去。我这时便到昆明郊区龙头村（现龙泉街道办事处）北大文科研究所暂住，王明（当时他是北大研究生）为我在数百函《道藏》的包围中，安了个书桌，搭了个帆布床。有一天，忽然见到汤先生来了。他悄悄问我："哲学系有几个学生不见了，你知道他们到哪里去了么？"我说："不知道。""不会是被捕了吧？""没听说。""你不会走吧？"我踌躇了一下，说："暂时不会走。"他叹了口气，深情地盯着我说："希望你能留下来！"这一次简短的谈话给我留下了深刻印象。我原来以为汤先生是个不问政治的学者，他洁身自好，抱狷介者有所不为的生活态度，想不到在这严峻时刻，他对进步同学竟如此爱护，如此关心，而且这种关心完全是真诚的。这使得我在感情上跟他更接近了些。

（二）

后来我终于在昆明留下来了。1941年夏我大学毕业，进了清华大学研究院，便搬到司家营清华文科研究所去住。在这之前，日本飞机对昆明多次狂轰滥炸，在西南联大周围也丢了好几个炸弹。为了躲避轰炸，许多教授都只好到郊区农村借房子安家。当时冯友兰先生家在龙头村东端；金岳霖先生和钱端升先生家住在一处，在龙头村西端；汤先生家在麦地村，处于司家营和龙头村之间，相距各约一里。因为当时地下党组织实行"长期埋伏、积蓄力量、以待时机"的方针，我到了司家营后，便埋头读书。金先生为我一个学生开课，我每星期六下午到他那儿去读书。先是休谟，后是Bradley，边读边讨论，又把他正在写的《知识论》手稿一章一章带回来读，送回去时也要提问题跟他讨论。此外，我自己开了两个书单子：西方从古希腊到维也纳学派，中国从先秦到"五四"，按历史顺序选读各家主要著作，有的精读，有的略读。读书有疑问与心得，便想找老师请教、讨论，心情往往是迫切的。

通常，有关西方哲学问题，我去问金先生；有关中国哲学问题，我去问冯先生和汤先生。汤先生也欢迎我去谈天，我提出问题，他总是有问必答，或者给我指点，叫我去查什么书；我提出自己的见解，他总是耐心跟我讨论，使我感到无拘无束。所以每次去，我都觉得有所得。渐渐地，去的次数多了，交谈的范围扩大了，跟他家里的人也都熟悉了。那时一介和他的妹妹还小，都在上学，家务是由师母一人承担的。有时我去，汤先生去学校还没回来（从城里回麦地村，步行至少一个半小时），师母便跟我拉家常，诉说生活的清苦，关心汤先生的健康状况，等等。那时在昆明，教师和学生吃的都是配给的有霉味的米。米里会掺杂无数沙石，吃饭时一不小心就崩断牙齿。鱼、肉当然极难得，每天能有一个鸡蛋已是奢侈品了。但汤先生是那种"箪食瓢饮，不改其乐"的哲人，他"不戚戚于贫贱，不汲汲于富贵"，因为他有自己的超脱世俗的玄远之境，足以安身立命。记得有一次，我和他谈得很高兴，不知不觉间天已黑了，师母走进门来说："你们也不点个灯，黑洞洞的，谈得那么起劲。"汤先生说："我们谈玄论道，在黑暗里谈更好。"我说："我们在黑屋子里抓黑猫。"于是两人都哈哈大笑。有时，谈得兴致来了，一直谈到夜阑人静，我踏着月色从田间小路归来，确实觉得体会到了"吟风弄月以归，有'吾与点也'之意"。

不过我并不赞同那种以为哲学的宗旨就是"寻孔颜乐处"，达到"吾与点也"的境界的说法。我认为哲学要面对现实，干预人生。和汤先生接触久了，我才知道他其实也并不是那么"超脱"的。他关心国事，对当时的贪官污吏、发国难财者深恶痛绝。在他面前，我可以毫不掩饰地批评国民党反动派。有时闲谈，他也会问我延安和抗战前线的情况。我介绍一点敌后根据地军民如何艰苦奋斗、打击敌人的英勇事迹，他便"唷唷"地称赞不绝。当然，他是主张学术和政治应保持一定距离的。他不止一次对我说："一种哲学被统治者赏识了，可以风行一时，但就没有学术价值了。还是那些自甘寂寞的人作出的贡献，对后人有影响。至少，看中国史，历代都是如此。"他这话是有所指的，不过我当时以为汤先生未免消极了一点。鲁迅在《出关》中说，同是一双鞋子，老子的是走流沙的，孔子的是上朝廷的。汤先生有点像老子。而我以为，除了上朝廷和走流沙之外，还有另一条路，那就是到民众中间去。

（三）

和汤先生谈得最多的，自然是我读书中碰到的问题。许多哲学名著，过去我浅尝辄止，这时想系统地钻研一下，又觉难度很大：文献浩如烟海，哲学史上的大家都是当时一流的天才，他们深刻的思想只有通过艰苦的钻研才能把握，但把握了却又易被它的魅力紧紧吸引住。所以，"能入"难，"能出"更难。我跟汤先生谈我的思想顾虑，他说："慢慢来，你行的！"在学大乘空宗著作时，他指点我学"三论"、《大般若经》第十六会，又回过头来读《肇论》。他问我有什么体会，我说："僧肇把般若经的精华都概括出来了。"他说："中国人天分高。印度人说那么多，也就是《肇论》那么些思想。"我忽然对如何"能入能出"的问题有了领会，僧肇就是一个能入又能出的典型。

汤先生治哲学史，既注意全面把握资料，进行严密的考证，又注意融会贯通，揭示其发展的线索。所以他的著作也还是"能入能出"的典型。在司家营学习期间，我特别就魏晋玄学和中国佛学两个领域跟汤先生讨论了许多问题。关于魏晋玄学，汤先生首先提出以"自然名教"之争、"言意"之辩、"有无、本末"之辩来概括魏晋时期的哲学论争，由此出发，历史地考察各派思想的演变，从而揭示出发展的线索。我向汤先生谈过自己的体会，认为他这种从把握主要论争来揭示思想的矛盾发展的方法，实质上就是运用辩证法来治哲学史，这不仅对魏晋玄学，而且对整个中国哲学史的研究，都是适用的。虽然汤先生当时还缺乏唯物史观，他的方法论还有待改进，但他用自己的方法论对魏晋时期作典型解剖，已取得了卓越的成就。他从"有无、本末"之辩说明了从王弼"贵无"到向、郭"崇有"，再到僧肇"非有非无"，是玄学发展的主线；同时在佛学般若学中，由道安（本无）、支遁（即色）到僧肇，也经历了类似过程。这一个理论线索显得干净利落，对学者很有说服力，并能给人以思辨的美感。记得我读了《庄子注》，曾写过一篇读书笔记给汤先生看，笔记中提出郭象学说的主旨在"独化于玄冥之境"，亦即"有而无之"；在王弼"贵无"、裴頠"崇有"之后，郭象试图综合二说，并提出汤先生的框架还可以作些改进。汤先生是喜欢学生提不同见解的，他看了我的笔记，连声说"很好，很好"，并鼓励我循着自己的思路作进一步的探索。后来经过探索，我的看法和汤先生稍有不同，但以"有无、动静之辩"来考察魏晋南北朝时期哲学发展的主线，基本上是循着由汤先生开拓的路子前进的。

（四）

我在司家营清华文科研究所读了两年书，后来就考虑如何写研究生毕业论文了。金先生给了我启发，他说写完《知识论》之后，打算对"名言世界与非名言世界"问题作点探索。他在指导我读书和讨论时，几次提到这个问题，这也就是康德提出的"形而上学"（金先生称作"元学"）作为科学如何可能的问题。实际上在中国哲学史上长期争论的"有名"与"无名"、"为学"与"为道"、如何"转识成智"等都是这个问题。我想碰一下这个问题，就跟金先生和汤先生都谈了。汤先生叫我系统地研究一下中国哲学史上的"言意之辨"，我照他的话做了，并着重读了老庄一派的书。

读后我以为，如果把"齐物"视为过程，把庄子和郭象所说的"三者"颠倒过来，我们就有了由名言世界到非名言世界的三个步骤：第一步是"分而齐之"，就是要通过"反复相明"来破是非，做到无是非于胸中，但还存在着彼此的界限；第二步是"有而一之"，就是要忘彼此，去掉彼此间的一切界限，但以宇宙整体为对象，还存在着主客的差别；第三步是"有而无之"，即把内与外、主观与客观、能知与所知的差别都泯除掉了，达到了"天地与我并生，万物与我为一"的境界，"入乎无言无意之域"了。当然，"无言无意之域"也要用名言来表达，那就是庄子所说的"卮言"，或郭象所说的"因彼立言以齐之"。这就是我当时在读《庄子》时获得的一点心得。我去跟汤先生谈了，他连声称赞"好"。后来我把这点心得加以发挥，便写成了一篇论文，题名《智慧》。

1993年，我的学生从图书馆中找到了1947年出版的《哲学评论》杂志，把刊登在上面的《智慧》一文复印了一份给我。重读自己这篇"少作"，难免觉得惭愧，但回顾一下自己数十年来的哲学探索，确以此为起点。我现在在整理《智慧说三篇》，仿佛又在向这个出发点复归。《智慧》一文受金先生的影响是明显的，术语都按照金先生的用法，如用"元学"代替"形上学"等。而其中说到和庄子、郭象有着"血缘上的联系"，则正是和汤先生讨论"言意之辨"的收获。所以回顾这个"起点"，便使我想起在清华文科研究所读书的情况，对当时金先生和汤先生给我的亲切教诲满怀感激之情。两位老师治学各具特色：金先生重视对理论作逻辑分析，通过示范给我严格的思维训练，要求我提出的每个论点都经过严密论证；汤先生注意依据翔实的资料来获得贯通的理论，善于启发，鼓励我自由思考，去探求那玄远的哲理境界。金先生严密而精深，汤先生通达而高明，我在司家营学习期间能同时得到两位老师的指导，从他们那里学到了一点严密分析和自由思考的习惯，这真是难得的机遇。

（五）

　　1946年我到了上海，此后和汤先生见面的机会便少了，但新中国成立后我每次到北京，总争取时间去看望他。我发现他已完全没有了狷介者的气息，谈起祖国前途和社会主义事业来是那么意气风发，信心十足，连对学校行政事务都态度积极，真使我颇为吃惊！记得有一次他跟我谈起毛主席时说："毛主席是伟大的思想家，又是最富有常识的人，他能用常识的语言，讲最深刻的哲理，真了不起！"这是他发自内心的赞叹，又像是在跟我继续讨论"言意之辨"。他还是很关心我的哲学研究工作。大约是在1957年，我告诉他我正在探索中国传统哲学的发展逻辑，但觉得自己有局限性，不可能像汤先生那样把握世界三大哲学系统来进行比较研究。他还是用那句老话来鼓励我："慢慢来，你行的！"我说："等我写出来，请汤先生提意见。"我没有料到后来的岁月竟如此艰难，等我把我的《中国古代哲学的逻辑发展》写成时，再也无法请汤先生过目了。

　　值此纪念汤先生诞辰百年之日，回忆在昆明从汤先生受教的日子，衷心感激不尽。草此短文，略抒怀念之情。

（冯　契）

汤用彤主要著作：

1. 《汉魏两晋南北朝佛教史》，中华书局1955年版。
2. 《印度哲学史略》，独立出版社1945年版；中华书局1960年版。
3. 《魏晋玄学论稿》，人民出版社1957年版。

贺麟：中西交融的"新心学"创立者

贺麟（1902~1992），字自昭。四川金堂人。1902年9月20日生于四川省成都市金堂县五凤乡杨柳沟村。1919年考入清华学堂，1926年赴美国留学，先在奥柏林大学获学士学位，后入哈佛大学，获硕士学位。1930年赴德国柏林大学深造。1931年回国后，长期任教于北京大学哲学系，并在清华大学兼课。抗日战争时期在西南联大任教授，并任中国哲学学会秘书兼常务理事、外国哲学编译委员会主任。1946年至1955年在北京大学哲学系任教授。1955年以后，先后任中国科学院哲学研究所西方哲学史研究室主任、哲学研究所学术委员会副主任、全国外国哲学史学会名誉会长，并任中国民主同盟中央委员，第三、第五届全国政协委员。1982年加入中国共产党。1992年9月23日病逝于北京。

一、著译交辉、中西互融的贺麟先生

贺麟是中国20世纪著名的哲学思想家、翻译家和西方哲学史家。30年代初，他自美国、德国留学归来，入北大哲学系任教，直到1955年转到中国科学院哲学所为止，在北大度过了24年。在这段巨变叠出的时间中，他在学术救国的目标驱动下，以深厚的中西学术素养为功底，一方面向国人"真正彻底、原原本本"地传播他所体验到的西方文化的"大经大法",即自古希腊柏拉图、亚里士多德到近现代的笛卡尔、斯宾诺莎、康德,并以黑格尔为其顶峰的西方唯理主义哲学,另一方面则将此哲学与中国传统文化的"大经大法",即以宋明儒学为高峰的儒家思想相融合,形成了有自己特点的新儒家思想。在这样做时,他不仅极为关注康德批判哲学的先验逻辑和黑格尔的辩证法,而且慧眼独具,揭示和探讨了宋儒的直觉法。这些学术活动和著作都有着深远绵长的影响力。至于他翻译、介绍西方哲学经典,特别是黑格尔著作的成就,更是为学界所熟知。

(一)

贺麟先生8岁入私塾,小小年纪便写得一手很不错的古文,国文教员称之为"全校能把文章写通的两个人之一"。他于1919年考入清华学校中等科二年级。之后7年的清华求学生活,对于其一生有重大影响。他的学习以自学为主,对不甚感兴趣的课只满足于"中"或"及格"的成绩,却有幸亲炙于诸多国学大师,比如梁启超、梁漱溟、吴宓等,其中尤以梁任公注重的阳明心学和吴宓的翻译课使他终生受益。

1926年夏,贺麟从清华高等科毕业,旋即赴美国留学。其后的5年,他先后在美国的奥柏林、芝加哥和哈佛三个大学及德国的柏林大学学习,受到系统的西方哲学和社会科学的严格教育,同时亲身感受到西方的文化形态,即它的宗教、文学、艺术、伦理、工业、日常生活等等。在这些学习中他有过几次比较重要的经历。首先是受到了斯宾诺莎哲学的"实体"学说及其人品的影响,其次是与基督教的遭遇,再就是受到了康德与黑格尔的唯理主义哲学方法的启发。1931年,贺麟结束了留学生涯,自柏林乘火车经东欧和苏联回国。

回国后,贺麟在北京大学哲学系任教,同时也在清华大学兼课,讲授哲学概论、西洋哲学史、西方现代哲学、伦理学、斯宾诺莎哲学等课程。它们都从不同角度体现出了他的以康德的有客观构成力的先验主体为起点,以黑格尔的辩证法为主要方法,以中西互释为阐发途径的治学特点。1936年,他成为北大哲学系教授。自1932年起,他在报刊上发表了一系列文章,一方面介绍西方理性派哲学,一方面结合时代问题阐述自己的思想。1942年出版的《近代唯心论简释》收集了他阐发自己思想的一些文章,1947年由商务印书馆出版的《文化与人生》一书则是他讨论"儒家思想的新开展"和中西文化及人生问题的文章汇集。这两本书可视为他在1949年之前思想的代表作,确立了他在"新儒家"这个学术潮流中的重要地位。

一般讲中国现代哲学的书将贺麟这一段的思想称之为"新心学",并认之为是

"陆王心学与新黑格尔主义融合的产物"。这种讲法有一定道理，但还需要修正补充。贺麟确实受到过陆王心学和新黑格尔主义的影响，特别是前者，但又绝不止于它们。从其《宋儒的思想方法》（大约写于30年代后期）和《近代唯心论简释》等文章中可看出，贺麟从程朱理学汲取的东西并不亚于陆王心学，而且，他的思想中还带有道家的某些特点。在西方哲学方面，他也绝不限于新黑格尔主义，而主要是从整个西方唯理主义正宗哲学，尤其是柏拉图、亚里士多德、斯宾诺莎、康德和黑格尔哲学中获得了关于"逻辑之心"的领会。他思想的最大特色就在于将这两大主流比较融会，产生出先验逻辑方法（包括辩证法）与直觉法并用、文化本源与时代问题互参的新学说，仅称之为"新心学"与"中国的新黑格尔主义"都失之褊狭，称之为"新儒学"也不完全尽意。正因为这来源的宏富，对于"直觉"和"时境"的敏感，贺麟才没有去尝试以大部头著作建立自己的形而上学体系。读贺麟的《近代唯心论简释》《文化与人生》《五十年来的中国哲学》等著作，会感到其思路深透，立论切当，问题具体而重要，议论亲近恳挚而不落俗套，时间愈久其味反愈深醇，极少有那些忙于构建自己体系之作中的牵强、公式化和乏味。与贺先生有过切近交往的人都会想到这句老话："文如其人。"

贺麟哲学思想的枢机可用陆象山的"心即理也"一语点出。但他赋予了此语以深刻的西方唯理主义（或理想主义）的含义，而且可以从不同角度去领会之。首先，此心并非心理意义上的可作为经验科学研究对象的心，而是逻辑意义上的心。这"逻辑"并非只是指形式上的逻辑，而是指使万事万物是其自身的本性和理则。西方人称之为"理念（范型）"或"理性"。其次，这逻辑也绝非散漫平铺的纯客观之理，而必收敛活化于人的本心，即那"'主乎身，一而不二，为主而不为客，命物而不命于物'（朱熹语）的主体"。这样，"心"与"理"两相互补互构，使得心成为"逻辑意义的心"，即一切条理、客观、意义和价值的本源；"理"则成为发自主体的先验逻辑和辩证发展的节奏韵律，比如黑格尔讲的"具体共相"，因而势必体现于人的文化、艺术、伦理、宗教和历史之中。贺麟在所著的《文化与人生》一书中的许多文章都是揭示这种充满了沟通主客、"假私济公"的理性机巧的活泼理则的佳作。第三，这"心"或"主体"并不只是概念式的，因为在一切概念方法（包括辩证法）之先必有一种直观洞察的开启和统领，以使得这些方法不被支离为外在的形式。而且，贺麟在这里超出了与他同时代的其他学者，也在某种意义上超出了陆王心学的路数，指出此直观洞察或"直觉"本身就是一方法。这直觉法在贺麟心目中当然具有极强的中国思想的特点，它不仅是宋儒的（包括陆象山向内反省以回复本心的直觉法和朱熹的向外体认物性的直觉法）"用理智的同情以体察事物，用理智的爱以玩味事物的方法"①，而且是"佛家所谓'以道眼观一切法'的道眼或慧眼"，也是"庄子所谓'以道观之，物无贵贱'的'道观法'"②；但它对于贺麟而言也同样有西方哲学的根源，比如斯宾诺莎的"从永恒的范型之下以观认万物的直观法"和"近来德国的胡塞尔（Husserl）……[的]所谓'识性'（wesensschau）"③。贺麟对于斯氏的直观法素有研究，但亦注意到了那时鲜为中国学者所知的胡塞尔现象学的直观学说，不能不说是其思想本身的需要使之然。很可惜的是，他在这方面的研究未能深入下去。由此可见，贺麟对于"心"、"理"和"心即理"的理解中浸透了中西方两个哲学主流，特别是西方的近代唯理论所提供的思想教训，并具有对于各种理性方法的自觉。这一点是他同时代的其他中国学者所无法比拟的。

（二）

贺麟治黑格尔哲学的特点有二。①明其源流。此源流即自古希腊以来的西方哲学中的理性派或唯理派，尤其是斯宾诺莎与康德。他讲："真理不止要直认本体，且须体验得其主体。这是从斯宾诺莎（实体）经过康德（理性批判）到黑格尔（理性体系）的线索。"②得其方法。这不仅指分析矛盾以达到更高综合的辩证法，而且是一种辩证直观。此种辩证的直观，既是出于亲切的体验，慧眼的识察，绝不是机械呆板的口号公式。在这方面，贺麟不止受到新黑格尔主义者们（鲁一士、克洛齐、克朗纳、哈特曼、鲍桑葵、纳松等）的影响，而且，如上所述，得自他对于中西传统中直觉法的识度。这不仅使他对于黑格尔的理解有了先于"体系"的"精神现象学"的维度，而且从方法上开通了这种理解与他心目中的宋明儒学的对话可能。因此，贺麟特别关注黑格尔学说与文化、历史和时代的有机联系。这学说如一条巨鲸，非放入人类精神文化的汪洋之中不足以成活和展露其本性。他自觉地运用黑格尔的方法去分析文化、政治、社会与人生，并在某种程度上直接涉足于其中。可以说，"辩证法和辩证观"在他手中是一团既放射思想光彩又使他的人生不平静的"活火"，正是这些特点使他阐发的黑格尔学说大大不同于那些完全概念化、公式化的解释。

抗战爆发后，贺麟于1938年初到云南昆明西南联大任教。此时，他已是中国哲

---

① 贺麟：《哲学与哲学史论文集》，商务印书馆1990年版，第184页。
② 贺麟：《哲学与哲学史论文集》，商务印书馆1990年版，第249页。
③ 贺麟：《哲学与哲学史论文集》，商务印书馆1990年版，第251页。

学学会的秘书兼常务理事。在此，他发表了《新道德的动向》《抗战建国与学术建国》《法制的类型》等文章，提出振奋民族精神、弘扬有时代精神的学术文化、实行政治革新等主张。北京大学法学院院长周炳琳当时还任重庆参政会副秘书长兼国民党中央政治学校教务长，看到贺麟的文章后，几次想聘请他去中央政校教哲学。贺麟考虑到学人也应为抗战出力，最终同意去该校任教一年。1940年底，蒋介石约见贺麟。贺麟也是基于同样的考虑飞往重庆，在黄山别墅见到了蒋介石。会谈的一个具体结果就是蒋介石答应由政府资助贺麟领导的"外国哲学编译委员会"的学术工作。到1949年时，该会已组织翻译了20多种书，包括贺麟译的由斯宾诺莎著的《致知篇》（即《知性改进论》）。

介绍和翻译西方哲学的主干思想是贺麟学术活动的又一个重要方面。20世纪30年代，他翻译出版了鲁一士的《黑格尔学述》和开尔德的《黑格尔》，同时撰写多篇文章介绍斯宾诺莎、康德特别是黑格尔的哲学。

贺麟对于黑格尔和斯宾诺莎著作的翻译最广为人知。他的译文以深识原著本意、学问功力深厚、表达如从己出、行文自然典雅等特点得到学术界的一致赞许。

贺麟赞同严复"信、达、雅"的翻译三标准，且有发挥。但从整体上指导他翻译的是他的西为中用、振兴民族文化的学术理想。所以，他的翻译不但选材精审，在重要概念的译名择定上尤其下了一番追本溯源和沟通中西的苦功。他搞翻译极为严谨，往往要对照几种不同文字的版本进行校订；对于难解处，他查阅各种资料给予译注。他一向反对不懂原著的思想就套语法生译，强调译文的传神和中国化。译著前面，他常附上自己写的较长的"译序"，帮助读者理解。

（三）

1946年秋，贺麟由昆明回到复校后的北大教书，翌年任北大训导长。这时他对蒋介石已颇感失望，与学生们的关系却很好。他多次压下了朱家骅（教育部长）通过胡适转来的要求开除进步学生的信，并且将特务学生报告的黑名单锁进抽屉了事。他办事公平，急学生之所急，还保释过很多学生和青年，后来甚至师大、清华的学生失踪了，也托他打听。因此，在纪念北大建校50周年（1948年12月25日）时，北大学生会特别送了他一面锦旗，上面绣有"我们的保姆"5个字。他还尽力帮助过一些反对当局的知识分子和教授，甚至在北京围城期间三次拒绝了南京方面邀他乘飞机离开北平的邀请，留在北大经历了解放军入城和中华人民共和国的建立。

1952年由他翻译的黑格尔《小逻辑》一书出版。此书不期然地适合了那时的学术潮流所需，被一版再版。1950年和1951年，他在陕西和江西参加了土改。1953年经历了思想改造运动。1954年他在《人民日报》上发表《两点批判，一点反省》的文章，批评他学术上的老对手胡适。因其能将道理讲透，受到各方面的重视。1955年，贺麟调到中国科学院社会科学部哲学所，专门从事西方哲学研究工作。1957年4月，贺麟与其他11名学者在中南海丰泽园受到毛泽东主席的接见和家宴款待。其间听到毛主席讲的一句当时令他颇为费解但预示了后来形势发展的话："我看苏联的哲学脱离了列宁的轨道。"

同年5月，贺麟在中国哲学史工作会议上，就唯物主义与唯心主义的关系发表了意见，受到批判。从此，他埋头于翻译和"客观介绍"上。"文化大革命"中，他被关入"牛棚"近一年，后来发遣到河南某干校劳动两年。1975年9月，还处于"未解放"状态下的这位老学者受邀出席了国庆前夕的国宴，各方面情况逐渐有所好转。

1976年，"文化大革命"结束，贺老的学术活动进入了一个高潮期。与王太庆合作翻译的黑格尔《哲学史讲演录》和与王玖兴合作翻译的《精神现象学》上下卷出齐，1980年《小逻辑》修订本出版；一大批学术论文发表；数次出国参加学术会议和讲学；担任全国政协委员、民盟中央委员、中华全国外国哲学史学会名誉会长、中文《黑格尔全集》编译委员会名誉主编等职务。更重要的是，他在1949年之后首次出版和修订再版自己的专著。从这些书的前言、新版序言中可感受到，贺先生的哲学良知并没有被多年的政治运动遮蔽，而是以一个哲人特有的柔韧顽强而又听其自然（尊重历史和时代）的方式一再表现出来。1991年，贺老患病；1992年9月23日，正当为祝贺他90诞辰而举行的第二届贺麟学术思想讨论会进行之际，贺老病逝于北京。

贺麟先生自青年时起就有了极强烈、极敏锐的复兴中华文化于当代的使命感。他的一生表现出向西方求法以救中国的知识分子的执著、热诚和成就，以及这种追求所遭遇到的艰难和曲折。这是人生本身、时代本身，而不只是概念意义上的"辩证法"。他的学术理想就是让国人"能够真正彻底、原原本本地了解并把握西洋文化，因为认识就是超越，理解就是征服。真正认识了西洋文化便能超越西洋文化……以形成……新的民族文化"①。贺麟先生不仅在"让人了解西洋"方面做了极重要的开拓性工作，在沟通中西文化以形成新的民族文化思想方面也有卓越的建树。

（张祥龙）

---

① 贺麟：《文化与人生》，商务印书馆1988年版，第7页。

二、贺麟先生在西南联大时期的哲学探究

在中国现代哲学史上,贺麟先生是一位博古通今、融合中西的著名哲学家。他哲学生涯的鲜明特点是三个"结合",即西方哲学与中国哲学的结合;哲学探究与社会现实的结合;教学、科研和翻译的结合。这使他在哲学上不仅富于开创性,成为现代中国新儒家的一位代表人物,而且在哲学著述、教书育人和翻译西方哲学名著等方面,都硕果累累,作出了卓越的贡献。

整个八年抗战时期,贺麟一直在西南联大任教,这是他的哲学思想发展到成熟和高峰的时期。那时西南联大的许多老师,在物质生活极其艰难困苦的条件下,都有一种同仇敌忾、抗日图强的民族精神支撑。贺麟重视和强调这种民族精神。他工作勤奋、视野开阔、思想活跃、在哲学研究上富于开创性。贺先生的哲学专著主要有三本:《近代唯心论简释》《文化与人生》《五十年来的中国哲学》。前两本阐述哲学、文化、人生的重大问题;后一本阐述自1895年以来,主要是20世纪上半个世纪中西方哲学在中国的交会和演变。前两本书的绝大部分和后一本书的第一部分都是在西南联大时期完成的。所以,我们可以说,贺麟先生的哲学创造,从酝酿、写作到结出硕果,基本上是在西南联大时期实现的。

贺麟先生在西南联大主要讲授哲学概论、现代西方哲学、黑格尔哲学和黑格尔逻辑学等课程。他的讲课,不但哲理清晰,而且从不念讲稿,语言生动活泼,通俗易懂。1937年中国哲学学会成立,他当选为理事,后来又与金岳霖、冯友兰一起当选为常务理事,共同主持学会的日常工作。西方哲学是他从事教学与研究的重点,与此相配合,也是为了引进和介绍西方现代哲学思潮。他大力开展了西方哲学名著的翻译工作。自1941年起,担任中国哲学学会西洋名著翻译委员会主任,亲自动手,多方组织,先后翻译出版了20多部著作。他多年钻研黑格尔著作,成为著名的黑格尔专家,为新中国成立后翻译、出版黑格尔的《小逻辑》《哲学史讲演录》《精神现象学》等一系列原著创造了条件。1945年由商务印书馆出版了由他翻译、斯宾诺莎著的《致知篇》(1960年新版改名为《知性改进论》)。贺麟先生在学术研究的基础上进行翻译,更要求深切地体贴原作,晓畅地表达原作,并且强调艺术的功力,使译文如自己所写,成为创造性的艺术品。愈到晚年,他翻译的水平和艺

术更愈趋成熟，如他所译的《小逻辑》《精神现象学》等，虽内容艰深难懂，但学界和知识分子仍捧为珍品，乐于阅读。他所译著的书，一般都有译者的长篇序言，梳理概念的来龙去脉，引导读者理解原著的基本思想，也体现出了他自己学术上的真知灼见。贺先生的这项工作，对国内西方哲学的研究，起了重大推动作用，激发了人们对西方哲学的兴趣，并且培养了一大批哲学研究和翻译人才。

但是，贺麟先生的哲学研究始终没有离开中国的社会现实，他的西方哲学研究，也没有与中国传统哲学相分离。他借鉴西方哲学的资料、方法与成果，用以整理、对照和改造中国传统哲学，试图创建一种适合时代需要、富于民族特点的新哲学。他的这个目标，首先体现在他的第一本著作《近代唯心论简释》中。

《近代唯心论简释》原是一篇哲学论文，阐述了作者的基本哲学观点，有人说，这相当于他的一篇"哲学宣言"，发表于他到西南联大之前的1934年3月。在这篇论文中他主张"心有二义"：一是心理意义的心，二是逻辑意义的"心"。心理意义的心，包括各种喜怒哀乐之情，是可以实证地当做客观对象来研究和评价的感觉、经验，此心理的心即物；逻辑意义的心，则是一种理想的趋经验的精神原则，是认识和评价经验行为的主体。他说："此心乃经验的统摄者，行为的主宰者，知识的组织者，价值的评判者。"① 这种说法显然来源于康德所说先天的思维形式，及其对感觉材料的统摄作用。这种逻辑意义的"心"，贺麟看做是物质文明的精神基础，科学知识的前提条件。这正是他"新心学"的出发点，也是他综合斯宾诺莎哲学、康德哲学、黑格尔哲学以及宋明理学的一个结果。

至于心与物的关系，贺麟认为，就整个世界来说，"心与物是不可分的整体"，但他明确主张心是"主宰"，物是"工具"，"心为物之体，物为心之用"，"心为物的本质，物为心的表现"②。显然他毫不讳言他的唯心论立场，宣称心对物是起主导和决定作用的。他把精神、理性看作世界和人的本质，因而又把"唯心论"称作"唯性论"，此处的"性"即事物的本质和事物须得实现的理想。所以，他说"唯心论又名理想论或理想主义"。

最后，关于宇宙和人生的认识，他概括为四种观点：机械观、生机观、经济史观或唯物史观、精神观或理想观。这四种观点各有其依据的背景，也各有其应用的地位和范围。但他显然推崇精神观或理想观（即唯心论），努力调节自然与精神的对立，使心与物不致分离，达到有机的统一，便是真正的哲学。对于贺麟先生的这

---

① 贺麟：《哲学与哲学史论文集》，商务印书馆1990年版，第131页。
② 贺麟：《哲学与哲学史论文集》，商务印书馆1990年版，第132页。

种基本观点,我们当然可以从世界和人的认识的物质起源和物质对精神的决定性作用的唯物主义观点去分析和批评,但他强调精神、理性的主导与能动作用,特别是在抗日战争时期,他强调注重民族性之研究,而"民族性即是决定整个民族的命运的命脉与精神"①。这显然包含积极的合理因素,值得我们高度重视。

在西南联大任教期间,贺麟先生写了几十篇哲学论文,后汇集这些论文,1943年由重庆出版社出版了名为《近代唯心论简释》一书。这是他在西南联大从事教学与研究的首要成果。1990年商务印书馆出版他的《哲学与哲学史论文集》时,收录了《近代唯心论简释》中的大部分文章。这些文章说明他当时力图融合中西古典哲学,开创一条哲学的新路。一方面他十分重视西方近代理性派哲学,特别是斯宾诺莎和以康德为代表的德国古典哲学,对他们的基本范畴和思路作了重点评述和发挥,另一方面则对中国儒家传统,特别是宋明儒学中陆王学派的宇宙观、知行合一论、道德观、文化观等作了重点说明和发挥,从中阐明了他当时所理解的唯心论。

这种唯心论的基本观点就是:心即理也。在贺麟先生看来,中西哲学达到这个结论,都经历了一个过程和转向。本来,把客观世界和主观世界,把自然和人性纳入哲学思考,寻求普遍之"理",是中西哲学的共同思路。所谓"物、性、心、天",皆在哲学探究领域之内,都能得出"物者理也"、"性者理也"、"心者理也"、"天者理也"的结论。在中国,这是在先秦的儒家典籍中已隐约、浑朴地具备,到宋儒才重新提出,并详尽发挥。只是朱熹对心与理的关系仍甚费踌躇,而到陆象山则明确揭示"心即理也"的命题,并做出了重大贡献。贺麟说:"自陆象山揭出'心即理也'一语以后,哲学乃从根本掉了一个方向,心即是理,理即是在内,而非在外,则无论认识物理也好,性理也好,天理也好,皆须从认识本心之理着手。不从反省心着手,一切都是支离骛外。心既是理,则心外无理,心外无物。"②因此,陆象山得出"宇宙即是吾心,吾心即是宇宙"的见解,这也是孟子的"万物皆备于我"的另一种说法。所以,由"物者理也"、"天者理也"、"性者理也",发展到"心者理也",是先秦儒家到宋明儒家的大趋势,也是宋明儒家从程朱学派到陆王学派的某种转向。在贺麟看来,西方哲学从古代到近代也有大致相似的趋势。如古希腊从苏格拉底到亚里士多德的哲学中,已隐约地具备物、性、天、心中的理了。到近代笛卡尔才正式的提出这一问题。斯宾诺莎则明白地加以提升和发挥。从洛克到休谟的经验主义者虽离理而言心,但他们指出,"唯有考察意

---

① 贺麟:《哲学与哲学史论文集》,商务印书馆1990年版,第134页。
② 贺麟:《哲学与哲学史论文集》,商务印书馆1990年版,第151页。

识历程，分析内心经验才是了解外界自然的关键"①。至德国康德的崛起，一方面把握理性派所说普遍必然性的理，另一方面又采用经验派向内考察的方法，对人类的纯理性郑重地作了批判的考察，从而建立了他的"亦心学亦理学的批判哲学或先天哲学"。贺麟认为，康德与陆象山都分别接受了各自哲学史上的教训，集其大成而系统地发挥了心者理也的学说。

贺麟的这种"心理合一"的宇宙观包含有三个命题。命题一：合心而言实在。"心"是观察事物和宇宙的出发点。物的外在的颜色、形状等是由感觉形成；物的内在的本质、规律等则由思维赋予。总之，物从属于心。命题二：合理而言实在。逻辑意义的"心"即理，这种"理"是一种理想的超经验的精神原则。各人心中所具有之理是共同的、普遍的，所谓"人同此心，心同此理"。他以人的心理的这种共同性来解释事物的本质。由此他也否认时间、空间是事物自身的规定性，而在《时空与超时空》一文中提出四个命题：时空是理；时空是心中之理；时空是自然知识所以可能的心中之理或先天标准；时空是自然行为所以可能的心中之理或先天标准。对此他都从唯心论的角度作了较为详尽的论证，受康德思想的影响，并发前人所未发，提出一套完整的时空理论。命题三：合意义价值而言实在。事物的意义和价值在于人的需要和理想，"理想乃超越现实与改造现实的关键，且是分别人与禽兽的关键"②。因此，贺麟认为，只有合乎人的理想、价值的东西，才具有实在性。心比物更根本更重要，因而更具有实在性；理想是人之价值所在，因而理想比现实更具实在性。儒家的伦理规范富于道德价值，因而具有实在性。这样，贺麟融合本体论与伦理学，赋予儒家的伦理规范以实在性意义，就更加表现出他哲学思想的新儒家特征，总之他从心理价值的三个维度来建构他的"新心学"的宇宙观。

为贯彻"心理合一"说，并使伦理学与知识论相统一，发挥王阳明的知行合一说，贺麟专门写了《知行合一论》一文。在我国传统哲学中，知行关系的讨论，基本属伦理范围。贺麟这里则借用了心理学概念，对"知"与"行"作了界说："行是生理的，或物理动作；知是意识的，或心理的动作。""知与行皆同是活动"③。知与行皆有高低不同的等级类型和"显"与"隐"的差别。至于知行如何合一，贺麟吸取斯宾诺莎和英国新黑格尔主义者格林的某些思想成分，主张知行关系是分中有合，是同一生理、心理活动的两个方面，二者同时发动，并且知行平行，自成系统，分别形成不同的科学。

① 贺麟：《哲学与哲学史论文集》，商务印书馆1990年版，第153页。
② 贺麟：《哲学与哲学史论文集》，商务印书馆1990年版，第135页。
③ 贺麟：《五十年来的中国哲学》，辽宁教育出版社1989年版，第131页。

贺麟认为知与行在任何情况下都是合二为一的。"无知"与"妄为","盲目"与"冥行",是合二为一的;感觉精察的知,与真切笃实的行也是合二为一的。他把自己的这种观点称之为"普遍的知行合一论"或"自然的知行合一论","一表示凡有意识之论,举莫不有知行合一的事实,一以表示不假人为,自然而然即是知行合一的事实"①。前者区别于理想的(经过选择的)知行合一论,后者区别于价值的知行合一论。理想的或价值的知行合一论认为知行合一为"应如此"的价值或理想;而自然的知行合一论则认为知行合一是"是如此"的自然事实。至于知与行的实际关系,贺麟从逻辑上判定是知主行从:知是行的本质(体),行是知的表现(用);"知"永远决定行为,"行"永远为知所决定,知为行之内在的推动原因,有逻辑的在先性;"知"永远是目的,"行"永远是工具。

贺麟认为他的这种"知主行从"说与孙中山的"知难行易"说是观点一致并相互说明的,虽然难易是价值问题,主从是逻辑问题,但从逻辑上解答了知主行从的关系,在价值上也就说明了知难行易的问题。孙中山所说"能知必能行"和"不知亦能行"皆是事实,前者是主动之行,后者是服从他人、受人指导的被动之行,二者皆是知行合一,既从逻辑上说明知主行从,也从价值上说明知难行易。

在知行主从问题上,贺麟引述王阳明的名言:"知是行的主意,行是知的功夫。知是行之始,行是知之成。"这既表明知主行从,又说明知与行的能动性,知既是行的主意,便不是死概念,不是被动接受外界印象的一张白纸,而是主动的,是发出或支配行为的主意,"行是知的功夫",说明求真知需要补足我们的功夫。不过,贺麟指出,"只可惜阳明所谓知行,几纯属于德行和涵养心性方面的知行"②,若应用在自然和理论知识方面,便可作为科学思想和道德以外的其他一切行为的理论根据。可见贺麟是在适应时代、科学的发展,努力整理和吸取中国哲学遗产中的某些合理成分。

贺麟随后还引证了朱熹的多处论述,说明朱熹受程颐影响,其基本思想从理论上讲,主张知先行后,知主行从,从价值上讲,知行应合一,穷理与履践应兼备,但在教育或自修方法上,则补偏救弊,因材施教,方便言说,有时先从致知着手,有时先从力行着手,结果则殊途同归于知行合一的理想。朱熹没有涉及自然的知行合一说,也没有王阳明的即知即行的说法。在朱熹那里,知与行可以相辅相促,但知自知,行自行,界限分明。他主持制订的《白鹿洞书院学规》所列五条是"博学之,审问之,

---

① 贺麟:《五十年来的中国哲学》,辽宁教育出版社1989年版,第136页。
② 贺麟:《五十年来的中国哲学》,辽宁教育出版社1989年版,第151页。

慎思之，明辨之，笃行之"。有人批评他割裂知与行。贺麟认为这正是"典型的价值的或理想的知行合一观"①。由此，贺麟把知行合一观分为两类：一为自然的知行合一观，由作者本人提出；二为价值的知行合一观，又分为两种，①理想的价值的知行合一观，朱熹为代表；②直觉的价值的知行合一观，王阳明为代表。

贺麟认为，他提出的自然的知行合一观，与任何一种价值的知行合一观都不冲突，而且正是"由程朱到阳明讨论知行问题的发展所必有的产物"。由此可见，贺麟阐述的自然的知行合一论，不仅是他发挥王阳明心学而开创的新心学的重要组成部分，而且吸取了程朱理学的某些思想因素，是接着宋明儒学而讲的一种儒学新形态。

贺麟十分重视思想方法问题，专门写了《怎样研究逻辑》《辩证法与辩证观》和《宋儒的思想方法》等文章。他把逻辑看做精神的训练和工具。他强调科学与逻辑必须受数学的洗礼，要把握逻辑的要领，必须把握两个特征：①不问目的，但问本质；②据界以思想，依原则而认知。这种特性皆出于数学。他认为中国缺乏科学，根本上是由于缺乏数学，中国人的思想习惯，在于重实用而不重本质，重效果而不重原理。贺麟认为辩证法既是一种方法，思想的方法，又是一种直观，对人生、宇宙的直观。他试图区别辩证法与辩证观。辩证法是哲学家公用的方法，"辩证观则每位哲学家与大诗人、大政治家所共有，而有些陷于支离繁琐的哲学家，有时只知道用一点带诡辩意味的辩证法，倒反而失掉了与诗人、政治家共有的健康而远大的辩证观"②。这里他把辩证观看做对宇宙、人生的一种总的思考与观察。至于辩证法的各种形态，他就西方哲学作了历史的考察：辩证法最初是以子之矛攻子之盾的辩难法；在苏格拉底那里，辩证法是教训道德的方法；柏拉图则用辩证法探求形而上学的知识，并奠定了辩证法的规格与基础；而到黑格尔，则可说是集辩证法之大成，尽辩证法之妙用，发展到高峰。他概括欧洲各国新黑格尔派的研究成果，对黑格尔辩证法的两点新认识是：一是一种天才的直观，有艺术的创造性；二不是抽象的理智方法，而是"忠于经验事实，体察精神生活，欣赏文化宝藏的理性的体验"③。他指出黑格尔的辩证法包含消极的理性和积极的理性。"用消极的理性以观认宇宙，则见得宇宙万物莫不自相矛盾，用积极的理性以观认宇宙，则见得宇宙万物又莫不是矛盾的谐和，对立的统一。"④ 这分两方面说：①物极必反观，即普遍否定的过程；②相反相成观，即思辨或积极理性的阶段，见到特定事物相反中的统一，

---

① 贺麟：《五十年来的中国哲学》，辽宁教育出版社1989年版，第154页。
② 贺麟：《五十年来的中国哲学》，辽宁教育出版社1989年版，第221页。
③ 贺麟：《哲学与哲学史论文集》，商务印书馆1990年版，第229页。
④ 贺麟：《哲学与哲学史论文集》，商务印书馆1990年版，第231页。

即异中见同，分中见合，变中见常，冲突中见谐和。这种直观是始终由严密的系统和辩证法发挥的，所以，在黑格尔这里，辩证法和辩证观是统一而不可分离的。

贺麟关于辩证法的阐述，我觉得有两点颇有启发。一是他认为辩证法既是一种思想方法，又是一种艺术式或整体式的直观，不能简单地用几条定律来说明。二是他把黑格尔的辩证法分为两个方面：消极理性——看到事物的反面或矛盾；积极理性——看到矛盾的统一或冲突的谐和。显然后一方面（或阶段）高于前一方面（或阶段）。半个多世纪以来，我们常常把辩证法的内容规定为几条规律和几对范畴，显然有把辩证法简单化和教条化的倾向；我们也往往过分夸大矛盾和斗争的意义，而忽视对立面的统一与和谐的作用，这有很大的片面性，实际上并没有正确理解黑格尔与马克思的辩证法，同时也在社会实践中造成重大损失。这是值得我们认真反思的。

关于宋儒的思想方法，贺麟指出，不论陆王的"致知"或"致良知"，或程朱的"格物"或"穷理"，都不是科学的方法，而是"直觉法"，是他们探求"心学"或"理学"，亦即探求哲学的一种方法。这种直觉区别于理智的、科学的方法，但它并不是反理智、反理性的，而是我们认识真理、把握实在的一种辅助性的方法。在哲学与科学活动中，直觉法与形式逻辑、理性思辨常常是兼用的，但在宋代大儒中，采用直觉法的形式则有所不同。"陆象山的直觉法注重向内反省以回复自己的本心，发现自己的真我。朱子的直觉法则注重向外体认物性，读书穷理。"① 但二者的结果都是要达到心与理、个人与宇宙合一的境界。贺麟这里对非理性方法的讨论与研究，也是我们长期比较忽视的一个方面，认真辨析，不无助益。

维护儒家的基本伦理传统，开创道德的新方向，也是贺麟十分关注的方面。他写了《道德的新动向》和《五伦观念的新检讨》，认为五四新文化运动是对传统道德观念和礼教权威的批判，说明道德是变动的，从中看到："解除礼俗的束缚，争取个人的自由，发展个性，扩充人格，实为今后新道德所必取的途径。"② 但是，新文化运动并不是完全否定儒家传统，它所提倡的新道德，是有历史有渊源的新，这才是真正的新。因此，贺麟要维护和发扬儒家的基本道德传统："五伦"与"三纲"。"五伦"指五种通常的人伦关系，即君臣、父子、夫妇、兄弟、朋友，并用"五常"即仁、义、礼、智、信来规范五种人伦关系的行为准则。若把"五常"信条化、制度化，发生强制的作用，就会损害个人的自由与独立；但若从开明自由方面着手，要想根本推翻"五常"观念，则在理论上和事实上都有困难。实践"五

---

① 贺麟：《哲学与哲学史论文集》，商务印书馆1990年版，第184页。
② 贺麟：《哲学与哲学史论文集》，商务印书馆1990年版，第357页。

伦"观念，分别亲疏贵贱，以等差之爱为准，是儒家对人的态度，是合理而近乎人情的。这并不是不普爱众人，而只是注重一个"推"字，要推己及人。所谓"老吾老以及人之老，幼吾幼以及人之幼"。这种合理的差等之爱并不完全与普爱相对立，而是先平实地从差等之爱着手，推广扩充，可以逐渐达到或接近普爱的理想。至于"三纲"说，贺麟认为，它是"五伦"观念的发展和核心。由先秦的"五伦"观念进展到西汉的"三纲"说，就是由自然的人世间的道德进展为有宗教意味的礼教，由一个学派的学说进展为规范全国全民族的共同信条。他认为应把握"三纲"说的真义，作新的解释和发挥，用以建设新的行为规范和准则。

《近代唯心论简释》出版后，在学术界引起较大重视和反响，有从唯物论立场批判贺麟的唯一论观点的，也有充分肯定其学术价值和融会贯通中西哲学，立论平正通达的。贺麟也就几点不同意见作了回应。

《文化与人生》这本书由商务印书馆1947年初版，1988年重新出版，全是贺麟在西南联大期间所写的文章，实际上此书也是《近代唯心论简释》的续集。前一本的内容较多地属于哲学、伦理。这一本的内容较多地属于文化、时论。这里既有理论思想问题的探讨，也有对历史人物事件的评价。作者敏锐地思考和评论现实生活中和学术文化中的各种问题，融合中西、纵论古今。他在序言中谈到此书的三个特点：①"有我"，有自己的问题和精神需要，表现独立的见解与个性；②"有渊源"。以中国传统文化和儒家思想为主要来源；③"吸收西洋思想"。吸收西方的文化与哲学。作者把八年抗战看做中华民族伟大而神圣的时代，不论生活条件如何艰苦困顿，始终保持精神的乐观与兴奋，表现了现代中国一位富于民族精神的哲学家的强大活力。

贺麟把他的理想唯心论贯彻于社会文化生活的方方面面，针对各种议论和观点，发表他的独立见解，大致说来，有以下五个突出的方面。

第一，弘扬民族精神，要求团结抗日，开创民族和国家的光辉未来。这是贺麟在西南联大期间一切思想的动力与核心，贯穿在他的一系列论文中。1931年，日本发动侵华战争后，他便毅然提前回国，写下《德国三大哲人处国难时之态度》一文，称赞黑格尔、费希特、歌德三人在普法战争中的爱国主义精神，以激励国人共同抗日，挽救民族之危亡。在《宣传与教育》一文中，他又称费希特为极有成效的宣传家，因为费希特在国家存亡危急的关头，曾对德国民众发表有名的演说，奠定德国民族复兴的精神基础。在《文化的体与用》一文中，他认为"道"是文化之体，文化是道之用，即所谓"文以载道"。这里的"道"是指宇宙人生的真理，万事万物的准则，也就是真、善、美的永恒价值。但道要凭借人类的精神活动而显现，这种显现便是文化。所以文化是精神的产物，精神是文化真正的体。他说："一个民族的文化就是那个民族的民族精神的显现。"① 在中西文化关系上，他批评"全盘西化"论，指出其忽略民族精神乃文化之体。他反对被动的"西化"而赞成主动的"化西"，要求自动自觉地吸收并融化，进而超越西方现在已有的文化。他的"抗战必胜"和民族文化复兴的信念，就建立在民族精神和优秀文化传统的基础上，所以他说："就相信民族之必能复兴，文化之必不致毁灭，国土之必可光复，国耻之终可昭雪……斯乃吾国数千年来圣贤豪杰忠臣烈士之传统信仰。"②

第二，主张学术救国，追求学术自由，维护科学和学术的崇高使命。在贺麟看来，科学和学术是"道"或人类精神的体现，它在本质上就是独立、自由的，不能独立、自由的学术，就根本不能算是学术。他不否认学术与政治的联系，但他认为学术是"体"，政治是"用"，或者说，学术是政治的命脉和根本。政府尊重学术，就是饮水思源，培养国家的元气；学者自己尊重学术，从小的方面说，就是尊重个人的人格，从大的方面说，也是培养天下的命脉，但是，实际上学术的独立自主常受到侵犯。宗教要奴役学术作为使婢，政治要御用学术作为工具，贵族资本家也常想利用学术作为粉饰太平、保持权利的护符。所以，他认为真正的学者为保卫学术的独立自主，就要像忠勇的将士拼命保卫祖国的疆土一样。他把学术比作建立国家的钢筋水泥，离开学术而言建国，则国家无异是建在沙滩上。然而，最容易而且最常见侵犯学术独立自主的力量，往往是政治。贺麟指出："政治一旦侵略了学术的独立自主，则政治便陷于专制，反民主。所以保持学术的独立自由，不单是保持学术的净洁，同时在政治上也保持了民主。政府之尊重学术，亦不啻尊重民主。"③

第三，重视伦理教育，推动道德的转变，要求以真道德治国。他视道德为变动的，认为中国自从与西方文化相接触，发动新文化运动以来，道德的基本动向是："由孤立狭隘，而趋于广博深厚；由枯燥迂拘，违反人性，而趋于发展人性，活泼有生趣；由因袭传统，束缚个性，而趋于自由解放，发展个性；由洁身自好的消极的独善，而趋于积极的社会化平民化的共善。"④ 显然他是称赞五四新文化运动的方向、目标的。

他虽然有"道德决定经济"的倾向，认为经济不是自然的产物，而是人力征

---

① 贺麟：《文化与人生》，上海书店1991年版，第32页。
② 贺麟：《文化与人生》，上海书店1991年版，第156页。
③ 贺麟：《文化与人生》，上海书店1991年版，第200页。
④ 贺麟：《文化与人生》，上海书店1991年版，第23页。

服自然的收获，在一切经济或金钱的背后，都有道德的观念和意识的作用在支配。但他又认为，经济的贫富与道德的好坏并无必然的函数关系，他所要求的是那种不随经济状况为转移，不为经济所支配的真正的道德。对于德国社会学家韦伯关于基督新教伦理对近代资本主义起决定作用的观点，他也有所非难，认为韦伯太偏重新教伦理的力量了。从哲学理论上说，他认为精神与物质乃同一实在之两面，不能互为因果、互相决定。从学术文化的提倡上说，他认为各部门应分工合作，各自实现现代化，如实业经济、军事政治、思想道德，都应实现现代化。从国家治理上说，他推崇儒家本于道德和礼乐的法治，近代基于学术和民主的法治，而反对基于暴力和功利的法治。他认为新文化运动提出的反对旧道德，是反对旧道德孤立狭隘、违反人性、束缚个性和消极独善的种种弊端。这些弊端与孔子的"兴于诗，立于礼，成于乐"的理想并不一致，孔子的理想是要使道德经过艺术的美化，礼教经过诗教的陶冶，也就是要从感情上去培养熏陶，从性灵上去顺适启迪。孔孟的这种道德理想不但不应反对，而应重新提出，并从本质上加以发挥。新文化运动所提倡的新道德，并不是一味地在时间上以今为新、古为旧，也不是一味地在地域上以西方道德为新，中国道德为旧，而是逻辑意义上的新，这种新道德乃是真道德，是"道德出于学问，人格基于理性"。

对于儒家"五伦"和"三纲"的传统观念，贺麟从维系人与人之间正常永久关系，维系社会秩序的角度加以肯定，认为在现代社会仍可奉行此等伦理规范。但他对宋明理学"存天理灭人欲"的传统观念，则加以摒弃，而寻求"怎样成全个人的自私，而又所以促进社会进步，这样使为私与为公，相反而相成"。"设法假人欲以行天理，假自私以济大公"[①]。由此他进而肯定近代功利主义不是个人的功利主义，而是社会的理想主义，或社会福利主义，是谋求"最大多数人的最大快乐"，这乃是"人生的理想也是行为的目的，或道德的标准"[②]。这包括就知识方面促使学术文化普及于大众，要人人能享受求知的快乐，能获得求知的权利。他批评了非功利主义的道德观，主张实行新式的功利主义，他肯定积极乐观的进取精神，否定消极退避的人生态度。

第四，倾向陆王心学，重视程朱与陆王间的区别，但试图调和二者的分歧。他认为宋明理学中程朱与陆王都是讲身心性命、格物穷理之学，"所不同者只是朱程主张先格物穷理，而后明心见性，先今日格一物明日格一物，而后豁然贯通，吾

---

① 贺麟：《文化与人生》，上海书店1991年版，第130~131页。

② 贺麟：《文化与人生》，上海书店1991年版，第59页。

心之全体大用无不明。陆王主张先发明本心，先立乎大者，先体认大者，然后致吾心之良知于事事物物。所以程朱比较注重客观的物理，陆王比较注重主观的心性。一由用回到体，一由体发展到用"①。贺麟的"心即理也"的观点显然倾向于陆王心学，但他认为陆王与程朱虽然思路与侧重有所不同，但又都致力于体用合一，因而两派之间的对立是可以消解的。在评论王船山的历史哲学时，他说船山学说"乃是集心学和理学之大成。道学问即所以尊德性，格物穷理即所以以明心见性。表面上他是绍述横渠，学派比较接近程朱，然而骨子里心学理学的对立，已经被他解除了，程朱陆王间的矛盾，已经被他消融了"②。他指出王船山的道器合一论、体用合一论、心物合一论、知行合一论、物我合一论，在历史哲学上，就是天道与人事的合一。他说王船山"格物穷理以救心学的空寂"，又"归返本心，以救理学的支离"，似乎是最能由程朱发展到阳明，再由阳明回复到程朱③。因此，他对王船山在中国哲学史上的地位作了极高的评价，认为其历史哲学作了"空前贡献"。

第五，注重哲学方法，极力运用辩证法，并兼采其他各派的方法。研究、宣传和运用辩证法，是贺麟一生哲学活动的显著特点。面对哲学、文化与人生中的种种对立，他总是善于从对立面的统一中把握对立，诸如心与物、道与器、体与用、知与行、自然与人生、理想与现实、法治与德治、学术与政治、经济与道德等等，他处处运用理论，结合现实，揭露矛盾，分析关系，反复说理。他十分熟悉中西哲学史，旁及文学、历史、经济、政治、心理等领域，许多历史资料，现实例证和名诗名句，他能信手拈来，恰当解释，极具说服力。在评论王船山的历史哲学时，他还运用哲学与历史相贯通的方法，即用以观体、因物以求理的现象学方法，以及设身处地、同情了解的体验方法等。总之，辩证法和多种哲学方法的兼用，成了他探究哲学理论、分析现实问题的利器。

20世纪40年代，贺麟在西南联大写了专论《五十年来的中国哲学》一文，收入当时出版的《五十年来的中国》一书中。1945年贺麟写成《当代中国哲学》一书，便将《五十年来的中国哲学》作为第一章，题目改为"中国哲学的调整与发扬"。这篇文章概述了19世纪末到20世纪40年代中国哲学的进步与成就。他指出进步的来源是：西学的刺激，清末革新运动的勃兴，从佛学的研究中得到方法的训练，思想识度的提高与加深。50年来发生的变化和特点则是：陆王之学得到盛大的发扬，儒家与佛教的对立得到新的调解，理学中程朱与陆王两派的对立也得到新的调解，对

---

① 贺麟：《文化与人生》，上海书店1991年版，第101页。
② 贺麟：《文化与人生》，上海书店1991年版，第115页。
③ 贺麟：《文化与人生》，上海书店1991年版，第121页。

于中国哲学史有了新的整理。

接着贺麟以新的陆王派的视角,从康有为开始,逐个地评述了谭嗣同、梁启超、章太炎、欧阳竟无、梁漱溟、熊十力、马一浮等人的哲学思想,既充分肯定他们的成就与贡献,也略指某些缺陷与不足。

50年来为何陆王学派独得盛大发扬?贺麟分析大致原因有两个:一是陆王学派注重自我意识,比较契合于个人和民族自觉的新时代,或较有助于反抗权威,摆脱束缚;二是陆王学派主张自向良知,求内心之所安,提挈自己的精神,在青黄不接的过渡时代,或可应付瞬息万变的环境。贺麟认为,陆王之学,发为伟大事功者,当首推孙中山先生。中山先生倡知难行易之说,推出两个结论:一是"能知必能行",即真知必能与行为合一;二是"知而不行,只是未知"。这两个结论只是知行合一论的不同说法。中山先生又曾力言"以行而求知,因知以进行",使知行合一并进,体现近代文明进步的特征。其中"因知以进行"便包含王阳明的"知是行之始,行是知之成"的精意。可见中山先生对"知行合一"论特别注重,并有新的发挥。中山先生提倡大同理想,主张革命先革心,对智仁勇即"三达德"有亲切发挥,从而对儒家思想有新的阐述,这有利于恢复民族自信心,促进民族意识自觉,有助于唤醒民族的灵魂。因此,贺麟十分推崇孙中山的哲学思想,并且在抗日战争时期,他总是以哲学唤醒民族觉悟,研究和弘扬民族精神。

《当代中国哲学》一书于1947年由重庆胜利出版公司印行,1989年由辽宁教育出版社再版,将书名改为《五十年来的中国哲学》,时间跨度从1884年孙中山创立兴中会起,到1949年中华人民共和国建立为止。

由以上三本书可见贺麟先生在西南联大任教期间对哲学的探究是十分活跃而有卓越成就的。

(张翼星)

贺麟主要著作:

1. 《近代唯心论简释》,独立出版社1942年版。
2. 《哲学与哲学史论文集》,商务印书馆1990年版。
3. 《五十年来的中国哲学》,辽宁教育出版社1989年版。
4. 《文化与人生》,上海书店1991年版。
5. 《现代西方哲学讲演集》,上海人民出版社1984年版。

沈有鼎:沉迷于逻辑思维的怪杰

沈有鼎(1908~1989),字公武。祖籍江苏嘉定。1908年11月生于上海。1925年南洋大学(现上海交通大学)附中毕业,随即考入清华大学哲学系,1929年毕业后赴美国哈佛大学留学,师从著名逻辑学家谢弗与怀德海,1931年获硕士学位。1931年至1934年赴德国海德堡大学和弗赖堡大学深造。1934年回国,任清华大学哲学系讲师,1935年任教授。1937年至1945年在昆明任西南联大教授。1945年至1947年赴英国牛津大学做访问研究。1948年回国后仍任清华大学哲学系教授。1952年至1955年任北京大学哲学系教授。1955年任中国科学院哲学社会科学部哲学研究所逻辑研究室研究员,1987年离休。1989年3月30日病逝于北京。

沈有鼎

一、纯朴、无邪、沉迷学问的沈有鼎先生

中华多奇人,沈先生就是哲学界一位超凡脱俗的奇才怪杰。他对于所心仪的学问,对于有兴趣的专业领域,可以痴迷到不谙世事,专心到忘却自我并旁若无人的程度,长期到使人惊叹不已的地步。

贺麟先生在其所著的《五十年来的中国哲学》一书中对沈先生有这样的叙述:"沈有鼎先生是现代中国哲学界极有兴趣的一个人物。囚首丧面,破衣敝屣,高谈哲学，忘怀一切。除了不读经济社会的书籍，不阅读日报外，关于纯学术方面的书籍，他可以说是无书不读。但没有一本书，他须得从头至尾、逐字逐句读完，因为他只需偶尔翻阅若干页，既可洞见其大旨。古典的语言，他亦无一不学习。希腊文、拉丁文或梵文的书籍，他总带有一两册在身边。然而他常说'耳根胜于眼根'。他愿意在讲论中用耳去吸取哲学思想，胜过用眼从书本中去吸取哲学思想。所以学校中各教学教授的教室内，常常看见他跑去旁听。哲学会所有关于哲学的讲演会、讨论会，他从来没有缺席过一次，也从来没有到会而不发言的。有时他还跑去教堂里听中国牧师或外国牧师说教。遇见学哲学的同道，不论教授、助教或学生，他可以走到你的屋子内来，或约你出去散步，谈三五个钟头的哲学，甚至到他人感到疲倦不支，而他毫无倦容。他的生活比他的谈论更富于哲学风味，他的谈论比他的著作更富于哲学风味。他是一个强于悟性，长于直觉的人，但他也能作逻辑的分析。你若到他的书室里去，你就可以随时见桌子上放满了《易经》上八卦符号的纸片及写满逻辑符号或语言学上语言符号的纸片。然而他绝少动笔写文章，哪怕开首写一篇文章了，而新颖的玄思，又打断了他的笔路，使得他无法完成。笔者曾读过他一篇古奥、模仿周濂溪《太极图说》的文章，叫做'易神用图'。记得除附一新创的八卦图外，他又自加注释。中间有'味无味之味，用无用之用'两语，也可以见得他的企向了。"[①]

1908年沈有鼎出生于上海。其父沈恩孚是清末举人，其兄名沈有乾。兄弟二人都曾就读于清华，同为留美学生，并都对数理逻辑有很高天赋。沈有乾后来成为我国著名心理学家。沈有鼎于1925年考入清华。1926年金岳霖在清华大学创办哲学系，任系主任，并是当时唯一的教授，学生只有沈有鼎与陶燠民两人。沈有鼎无疑是金先生的开门弟子，得意的头号高足，并实际参与了金先生艰辛的建系工作。但他后来谦让，认为这完全是金先生一人的功劳。

1929年沈先生从清华毕业后留学美国，在哈佛大学师从谢弗和怀德海，1931年获硕士学位。1931年至1934年在德国海德堡大学和弗赖堡大学访问研究，曾接受著名哲学家海德格尔指导，并结识已退休的现象学大师胡塞尔。1934年回国，到清华大学任教，1935年任教授，1937年至1945年任西南联合大学教授。1945年至1947年在英国牛津大学作访问研究。1948年回国后继续任清华大学哲学系教授。1952年全国高校院系调整后任北京大学哲学系教授。1955年调中国科学院哲学社会科学部哲学研究所任研究员，1987年离休，1989年3月30日病逝。

---

① 贺麟：《五十年来的中国哲学》，辽宁教育出版社1989年版，第40页。

早在中学时期，沈先生就对逻辑学发生兴趣，并对《易经》的价值有所认识和体会，入清华大学后，更是沉湎于钻研数理逻辑、康德哲学、佛教哲学、《易经》哲学等。在西南联大任教期间，他除了开设必修课形上学，主要讲哲学本体论以外，开设的选修课程是最多的，共计有九门：数理逻辑、逻辑原理、逻辑问题、维特根斯坦哲学、德国哲学名著选读、胡塞尔原著习读、周易哲学、晚周辩学、哲学德文习读。在此期间，他还对《墨经》的逻辑学和古代中国的诡辩学派作了相当深入的研究。

在中国现代逻辑学和哲学界，沈先生是大师级的人物，在20世纪中国学术、思想史上居重要地位，在海外也有相当的影响。他一生主要从事数理逻辑、中国逻辑史和哲学的教学与研究。他研究的主要成果与贡献也集中在这三个方面。在数理逻辑方面，他是国内这门学科的开创者之一。早在20世纪30年代，他已开始研究模态逻辑，构造了逻辑演算的自然推理系统，对逻辑演算有特别独到的研究。此外，他还提出"所有有根的类"悖论（又被称为"沈有鼎悖论"）、两个语义悖论。在中国逻辑史方面，他运用现代逻辑工具深入研究中国古代《墨经》及名辩逻辑思维，作了独辟蹊径的发掘与分析，并把中国古代逻辑看做世界三大逻辑传统之一，认为"其成就不在古希腊、印度逻辑之下"。他梳理和阐发了《墨经》的逻辑体系，把对《墨经》逻辑的研究推向新阶段。他发掘原始资料，对公孙龙子等古代辩者的悖论和评价等问题提出了独到见解。他对《周易》卦序的分析，被认为是这方面科学研究的真正开端。他出版了专著《墨经的逻辑学》，在《沈有鼎集》中含有《中国古代辩者的悖论》《〈公孙龙子〉的评价问题》《〈公孙龙子〉考》《周易卦序骨构大意》《周易卦序分析》等一系列论文。在哲学方面，他中西兼容，古今贯通，对中国与西方的诸多学派和代表人物，都有精湛研究和独到见解，只是发表著述不多。1937年1月，他在中国哲学学会南京年会上宣读的论文《中国哲学今后的开展》，谈古论今，预示未来，表现了他特殊的理论见解和理论勇气。他在这里既阐述了中国民族性与哲学的关系，分析了中国文化的分期和哲学的主脉，并且预测了中国哲学和文化今后的发展方向。总之，他对中国民族哲学的新开展是极为乐观的。贺麟先生在《五十年来的中国哲学》一书中引用沈有鼎先生说的话："无论如何，哲学在中国将有空前的复兴，中国民族将从哲学的根基找到一个中心思想，足以扶植中国民族的更生。"贺麟先生对此所作的评论是："都是非卓有见地的人不敢说的话。他所说的并不只是对中国今后哲学的预测，而乃是洞见到中国哲学新发展之必然趋势后而加以指引罢了。"①

沈有鼎先生个性鲜明,作风别具一格。他是现代中国流传故事极多的一位哲学家,他的某些轶闻趣事,常为人们津津乐道。据他在清华、西南联大、北大的一些同事、朋友或学生的回忆,大致有以下几个特点。

(一)全力治学,心无旁骛

沈先生一生痴迷于学问,痴迷于逻辑和哲学问题。为了治学,他有两个最大的嗜好:一是读书;二是思索、探究,并与人讨论问题。凡是与他所研究的学问有关的,古今中外,可说无书不读。白天读,晚上更加读,抓住一切机会,利用各种时间读,读到废寝忘食的地步,甚至忘却个人的安危。据沈先生在中国社科院哲学所的同事并是多年邻居的叶秀山说:"有时我们半夜听到沈先生哇啦哇啦念。好在那时我年轻,吵醒了马上又能睡着,并不在意。当然,不是说沈先生只在夜里才读书,只是说他随时都可以读,而且读起来就很难有什么力量让他走出书境。记得邢台地震那年,我在江西'四清',接到家里来信说,院子里许多人都出来了,只有沈先生没有出屋,好像在读书。很可能先生并不知道除了唐山大地震外,世上还有过一次邢台地震。"② 新中国成立初期,一次他在清华园内散步,仰观天象,思索问题,忽视了脚下的路,不慎脚部扭伤,住进医院后,仍一心不二用地继续读书,常常错过吃饭时间,便请护士买几个火烧充饥。③

沈先生平时不聊天,不谈家常,因沉湎于思考,有时走在路上只顾前行,"目无熟人"一般,别人向他点头、打招呼,他也不予理睬,以致引起误会,认为他不懂世事,不近人情。其实只要遇到与学术思考有关的问题,不论什么场合,他都抓住机会,主动找人讨论,乐此不疲地与人谈个没完。为了弄清学术上的是非,他可以在课堂旁听时突然向教师提出问题或不同意见,甚至可以突然在夜里登门找人请教。有一次在春节茶话会上,他绕过好几张桌子来找人讨论康德的"审美判断"问题。

据在西南联大学习过的汪子嵩回忆说:"沈先生对讨论哲学问题简直是入了迷,不管是教师还是学生,只要向他提出问题,他便拉住你讨论不休。在联大后面的文林街上常常可以看到他出现在茶馆或是小饭馆里和人讨论问题。听人说:沈先生可以出钱请你喝茶,但只有当他觉得你的意见有意思时,才肯让你吃他买的那碟花生

---

① 贺麟:《五十年来的中国哲学》,辽宁教育出版社1989年版,第44页。
② 叶秀山:《叶秀山文集·散文随笔卷》,重庆出版社2000年版,第205页。
③ 钱耕森:《回忆沈有鼎先生二三事》,载《人物》,1999年第3期。

或者瓜子。"①

由于他博览群书，潜心思索，学识渊博，视野开阔，能把学问做到深处，所以他能开设别人很难开设的课程。比如他在西南联大所开的课，便既有逻辑学，又有哲学。在逻辑学方面，既有现代数理逻辑，又有逻辑史，既有西方逻辑史，又有中国逻辑史；在哲学方面，既有西方哲学，又有中国哲学，既有近现代哲学，又有古代哲学，既有通论、通史，又有专著、专题。他在贯通古今、融合中西的基础上，便能见人之所未见，思人之所未思，提出别人难以提出的问题和见解。比如，对于现代中国哲学的开展，他便能作出深刻的历史概括和富于远见的未来预测。

（二）淡泊名利，乐以忘忧

沈先生的一生，因全神读书、治学，如孔子所说，是"发愤忘食，乐以忘忧"的。他个人生活极为简单、俭朴，对名誉、地位完全置之度外，在衣着、外貌上，不修边幅，性格怪僻，平时大概由于精力高度集中，便顾不上理发、洗澡和换衣服。一到夏天，"沈有鼎的大草帽"，"沈有鼎的大蒲扇"，远近知晓，因他经常戴着一顶破草帽，摇着一把破蒲扇。

1928年罗家伦任清华大学校长时，以"学术化、民主化、纪律化、军事化"为方针，要求学生每晨六点上早操，并严格规定：早操无故缺席者记小过一次，三次小过为一次大过，三次大过就开除学籍。据冯友兰先生回忆，沈有鼎向来生活很随意，"他经常不上早操，也不请假，积累下来，被记了八次小过，如果再有一次小过，就要开除学籍了，可是就在这个时候，早操取消了，他才得以幸免，保留学籍，一直到从清华毕业"②。

至于沈先生在西南联大时的情况，汪子嵩先生有一段有趣的回忆："沈有鼎先生是联大教授中几位'怪人'之一。他和化学系的曾昭抡先生在外貌上相似，都戴着一副近视眼镜，头发和胡子总是邋邋遢遢，老是穿一件洗得已经发白的蓝布长衫，还有几个扣子没有扣上，脚上穿的布鞋，不但破烂，有时还没有穿好，像似拖着走路；而且一面走路，面上总有点像是微笑，口中喃喃自语，显然是自己在思考问题。他们的不同是：沈先生走路不慌不忙，老是在思考哲学问题；而曾先生却走得匆匆忙忙。"

沈先生平时不好说话，出言简朴，但一旦涉及他的兴趣所在，或讨论学术问

---

① 汪子嵩：《中西哲学及其交会——漫忆西南联大哲学系的教授》，河北大学出版社2003年版，第315页。
② 冯友兰：《三松堂自序》，三联书店1984年版，第317页。

题，他便滔滔不绝，确有独到见解。金岳霖先生也曾谈到，沈先生对一些生活中的事情好像不大懂，而对学术问题的分析却非常细致入微。实际上，沈先生并不是一个只知读书或专业狭窄的书呆子，他也是一个学养与生活情趣皆十分丰富的人。他掌握英、德、法、希腊、拉丁以及梵文等多门外语，不仅专攻逻辑，而且他对中外哲学、历史学、音乐等都有涉猎和探究。他是中国现代学界不可多得的一位能跨越多种学科并从事研究的学者。他爱好音乐、戏曲，对中国戏曲的音韵也很熟悉。叶秀山先生回忆说："他知道我喜欢京剧。有一次谈起来，他居然能如数家珍地把那'撮口''齐齿'以及13道辙和《中原音韵》的韵部，分得清清楚楚，使我大为惊讶。后来才知道，原来沈先生会唱昆曲，可惜我没有听他唱过。从说话的嗓音来看，他唱起来一定很好听。""无论如何，他这些音韵学知识，总是早年学得的，居然记得如此清楚，可见记忆力之强。"[①] 据说沈先生曾在西南联大哲学心理学系的一次联欢晚会上清唱昆曲一段，震惊满座。这看来也是有家学渊源的。他的父亲结识昆曲爱好者穆藕初，且来往甚密，穆藕初于1925年与人合作在苏州创办昆曲传习所，培养昆曲人才[②]。因此，沈先生早年便可能受到昆曲艺术的熏陶。

（三）直道求真，率性而为

为了在学问上弄清是非，穷根究底，沈先生在待人处事上往往直道而行，不大注重人情世故，口无遮拦地说直话、说真话，顺着自己的性格，不大顾及个人利害关系。因此他的言行常给人以我行我素、特立独行的印象。

沈先生是金岳霖先生的大弟子，从心底里是尊敬金先生的，可是在一次逻辑讨论会上，有人提到哥德尔的一本新出版的数理逻辑专著，金先生想买来看看，沈先生竟马上站起来说："这本书你是看不懂的！"金先生熟知他的性格，只是"唔"了一声，说："那就算了。"对他并不责怪或埋怨。

更值得重视的是，1985年在纪念金先生逝世一周年的学术讨论会上，一般都是分析、评论金先生的哲学成就与贡献，或谈对自己的启发与教诲。作为学生的沈先生，却率直而全面地评论其缺点，尽管这种评论不完全正确和合乎实际，但在我们当今的社会和学界，实在是一种独特的风格。他首先表明，由于自己的康德主义观点，便在新中国成立前走着与金先生不同的哲学道路。随后便谈他对金先生的印象，评论金先生的优缺点。新中国成立前的优点是：独出心裁，不依傍古人；提倡并介

---

① 叶秀山：《沈有鼎先生和他的大蒲扇》，载《叶秀山文集·散文随笔卷》，重庆出版社2000年版，第203页。
② 阮仁慧：《老师　咖啡　昆曲》，载《摹物求比——沈有鼎及其治学之路》，社会科学文献出版社2000年版，第407页。

绍数理逻辑；在课堂上教人逐句读西方哲学原著；善于分析问题，并维护常识，避免现代西方哲学的片面性；在认识世界上，坚持朴素唯物论观点。缺点是：在一般与个别问题上，坚持柏拉图观点，与冯友兰先生有相同之处。新中国成立后改变了一点，说一般与个别不能分开，究竟如何不能分开，还不清楚；既谈时、空问题，不吸收现代科学和相对论，是重大缺点，其"时面"、"空线"观念完全是"绝对时、空"的。新中国成立后的优点，主要在政治态度方面：重视马列主义学习，批判过去的错误观点；入党后，对自己要求非常高，并且是真诚的。缺点是：未能逐渐发展一种与自己政治水平相称的学术水平和学术观点，对马克思主义观点、方法的掌握上有过"左"的偏向，表现在《论所以》一文和批判罗素的著作上。

值得注意的是，在20世纪50年代初至70年代末那段"左"风盛行，意识形态领域"大批判"的岁月里，笔者并未见到沈先生随风转向的批判文章，这确是沈先生与今日的许多"教授"、"学者"不同的地方。由此笔者对沈先生的敬意更加油然而生。

试问在今日大学的课堂上，还有像沈先生那样热诚好学、主动听课并且当场提出不同意见的教授么？当然，我们并不完全赞赏沈先生的某些比较简单、唐突的做法，但他那种纯朴的学术品格、求真的理论勇气，和西南联大的那种民主、包容的学术风气，难道不是我们今天十分缺乏而值得大力提倡的么？

风霜难改天真态。就是在暴风骤雨最烈、知识分子蒙难最多的那段"文化大革命"时期，他也保持直道而行的品格。1969年1月，一段"最高指示"发表，正当全国敲锣打鼓，一致表示"拥护"之时，沈先生却说有一处标点符号的差错，结果在"工宣队"的部署下，他的意见被当做"现行反革命"行为而被狠狠地批斗了一阵。一个纯粹的学者，竟然天真得不知道那时候的"最高指示"是"绝对正确"，是只能执行不能批评的。不过，学者终究是学者，烈火的洗礼，更显纯真学者的本色。

（四）助学为乐，诲人不倦

在平时的工作与生活中，沈先生确有我行我素、特立独行的表现。在发表不同意见或提出批评时，他是当仁不让、不论地位、不讲情面的，也多少给人以"狂妄自大"的印象。但一旦与他交谈，向他请教时，便感到他是谦虚、谨慎、平易近人的。

中国社会科学院梁志学先生回忆说，1973年在翻阅杨荣国的中国哲学史著作时，发现其中转引了冯友兰同类著作中的一句话：根据近人沈有鼎的考证，孔子所说"六十而耳顺"中的"而耳"即"而"。梁先生便去请教沈先生此句作何解释。

沈先生的回答与冯友兰书中所说丝毫不差。一般常人会以此而洋洋自得或沾沾自喜的，但当问他是否向冯先生谈及此处时，他却淡然处之，说记不得自己是否讲过了[①]。可见他做学问只是为了求真，不计个人得失宠辱不惊的。

茶余饭后，沈先生找人聊天或听人聊天都是很主动的，当他有什么问题要找你聊时，很难有什么东西可以拦住他。平时走路，他脑子里常在想事，你向他打招呼，他像没看见你一样，但"他如果真有话跟你说，你走多远他也会追上你"[②]。他听人聊天时，也听得很入神，很虚心，从不打扰。

沈先生学识渊博，中西兼通，又掌握多门外语，所以向他请教的人很多。他是来者不拒，热诚相待，对年轻人更是循循善诱，诲人不倦。许多年轻的教师、研究工作者、翻译工作者，都从他那里得以诠释哲学义理、训练逻辑思维或校正翻译难句，总是让人在知识或精神的境界上有所提升而受益匪浅的。

对于沈先生的那本主要著作《墨经的逻辑学》，叶秀山先生说："那艰深难懂，而又脱落误抄的古文，和那曲折迂回的推（道）理，经过沈先生清楚明晰的分析鉴定，显得平实、好懂多了，像著名的'白马非马'、'离坚白'等中国逻辑史问题，沈先生从逻辑的指谓等方面，有清楚的叙述，而作为附录收入书中讨论墨经'一少二而多于五'的文章，更是沈先生思考这个问题取得'巧妙'（原书语）的心得。你可以不同意他的解释，但沈先生的解释绝不会把问题搅混，使你糊涂，而是把问题揭示出来，让你知道问题所在，提反面意见时也知道从何下手。我对专门的逻辑问题是门外汉，所以读沈先生书时更多的是感到他那抓住问题不放，力求干净利落地来解决问题的科学态度和智慧，这常给我以逻辑学之外的教益。"

安徽大学钱耕森先生还回忆起一件往事。1982年他出席一个学术讨论会，提交了一篇译文，是翻译冯友兰先生1934年出席"第八次国际哲学学会"时用英文撰写的论文 Philosophy in Contemporary China。沈先生得知此事，便颇有兴趣地要求看看他的译文。沈先生看后，作了多处改正，并在文末题签"沈有鼎校"，还对钱先生很客气地说："我没有看到冯先生的原文，身边也没有带来英文字典，改了几处，你参考吧。"后来冯友兰先生便将这篇译文收入《三松堂学术文集》。钱先生后来一直珍藏着沈先生校改过的文稿，作为对沈先生的永久纪念[③]。从这件事可以看出，沈先生是如何热诚地花费心力去提携和帮助后学的。

当然，沈有鼎先生也并不是什么"神人"或"完人"，他也有世俗生活的一

[①] 梁志学：《从沈有鼎先生给我的帮助谈起》，载《摹物求比——沈有鼎及其治学之路》，社会科学文献出版社2000年版，第414页。
[②] 叶秀山：《沈有鼎先生和他的大蒲扇》，载《叶秀山文集·散文随笔卷》，重庆出版社2000年版，第202页。
[③] 钱耕森：《回忆沈有鼎先生二三事》，载《人物》，1999年第3期。

面，在西南联大时，他也经常出入于茶馆、饭店，并且手提一只旧箱子，里面装的是书与钱，有时也是以点钱为乐的。在对待日常、家庭生活上，他难免有不善于处理的地方。但是，总的来看，他确实是一位淳朴、天真的大学者，他把毕生的心血和才智贡献给了学术和教育事业。或者正如陈筠泉先生所说，沈先生是一位"真正在智慧的高峰采撷过常人无法体验到的乐趣的哲学家"①。

（张翼星）

二、沈有鼎先生的贡献

沈有鼎先生是蜚声中外的大学者。他的主要研究领域是逻辑学，其重点是数理逻辑和中国古代名辩思想。同时他对中外哲学、佛学与因明、数学、《周易》、古文字学、语言学、历史学、音乐等都有深入的研究。这里概略介绍沈先生在几个领域里的主要贡献。

（一）

沈先生是我国早期少数几位数理逻辑学家之一。他对经典命题逻辑、直觉主义命题逻辑、相干命题逻辑、模态命题逻辑等都有很深入的研究。他在数理逻辑领域里的主要贡献是建立了两个新的逻辑演算系统，构成了两个悖论。

1. "初基演算"。初基演算是比 Johansson 的极小演算更"小"的命题演算。建立初基演算的意义在于，从它出发一方面可以逐步扩展为 Johansson 极小演算，Heyting 的构造性命题演算，再到二值演算；另一方面可以逐步扩展为 Lewis 的 S_4、S_5 再到二值演算。初基演算是上述两个方面演算的共同基础，建立初基演算可以加深我们对命题演算构成的理解。同时，初基演算还给出了一种简单而严格的命题演算证明的新的系列标记法。

2. 不依赖量词的部分的纯逻辑演算。所谓"纯逻辑演算"是专指加入了"同一"概念之后的狭谓词演算。纯逻辑演算中不依赖量词的部分是纯逻辑演算中极其微小的部分。这项研究成果从带等词的一阶逻辑中分离出一个完全的、可判定的子

---

① 陈筠泉：《沈有鼎学术思想研讨会开幕词》，载《摹物求比——沈有鼎及其治学之路》，社会科学文献出版社2000年版，第131页。

系统。沈先生没有按照通常的办法给出本系统的公理，而是采用一种和命题演算中运用真值表判定一公式是否定理的方法相类似的判定方法，把真值表推广为"值表"。而这种方法本身就可以理解为一种公理系统。

3. "所有有根类的类"的悖论。即对于类 A 而言，如果有一个由类组成的无穷级数 A_1，A_2，…（不一定都不相同）使得

$\cdots \in A_2 \in A_1 \in A$，

则称 A 为无根的；并非无根的类，称为有根的。令 K 是由所有有根类组成的类。假定 K 是无根的，那么有一个由类组成的无穷级数 A_1，A_2，…使得

$\cdots \in A_2 \in A_1 \in K$。

由于 $A_1 \in K$，A_1 就是一个有根类；由于

$\cdots \in A_3 \in A_2 \in A_1$，

A_1 又是一个无根类。但这是不可能的。所以，K 是有根类。

因而 $K \in K$，并且我们有

$\cdots \in K \in K \in K$，

因此，K 又是无根类。

这一悖论跟所有非循环类的类的悖论以及所有非 n-循环类的类的悖论一起，形成了一个三体联合。

4. 两个语义悖论。一个是命题：

（1）"我正在讲的不可证明"。

通过简单的论证，可以得出（1）既可证明又不可证明。另一个悖论是（1）的对偶命题。

（2）"我正在讲的可以反驳"。

这个命题既真又假。

沈先生指出，在对所给语言能形式化的东西未做精确刻画时，（1）和（2）只不过分别是两个悖论序列的首项。

悖论问题研究对哲学和逻辑的发展都有深远的意义。

（二）

沈先生在数学领域里有两项成果值得注意。一是通常的抽象集合论只讲有序集和良序集，不讲半序集，而沈先生认为半序集和良序集比有序集更为重要。他指出柏克霍夫《格论》（第一版）在定义半序集的半序集的积时，这个积不一定是半序

集。沈先生发现的半序集的半序集的积的两个新的定义，所定义的积都是半序集，这就克服了柏克霍夫的缺点。在偏序集的积的研究中，他提出实质积和随选集两个新的概念。二是在构造性数学研究中，沈先生指出，要弄清数学中的广义的能行性，纠正布劳维尔所规定的数学的范围，从而划清构造性数学的特定范围，必须①严守布劳维尔能行性语言的范围，把布氏系统形式化；②遵照古典数学所用的全部形式逻辑，来建立一个包括古典数学和构造性数学的全面数学，并把它形式化，后者尤为重要。这两项形式化工作对推动数学发展既意义重大又极为紧迫。

（三）

沈先生在先秦名辩思想研究中取得了多项重要成果。

第一，沈先生在诂解《墨经》中有关逻辑学的文字的基础之上，以现代逻辑为工具去研究《墨经》的逻辑学，挖掘出《墨经》中许多鲜为人知的逻辑思想。比如，他对"言尽悖"、"非诽"等命题的阐释，揭示了中国古代人对自相矛盾命题的独特悟性；对"兼爱相若，……其类在死蛇"的疏解，揭示出古人对关系命题的本质的深刻理解；对"谓'彼是，是也'不可"的解释，揭示了《墨经》用"彼"、"是"等代词当变项使用的特点；用现代逻辑"aUa"公式解说《墨经》中"彼彼止于彼，此此止于此"、"彼此彼此"与"彼此同"、"彼此不可彼且此"，揭示出中国古代语言里诸如"牛马"、"夫妻"、"兄弟"等"二名并举"的特殊形式及其推理原则；对"侔"、"止"等辩说方式的巧妙阐释，既揭示了这些辩说方式的一般推理本质，也充分显示了中华民族的思想特点。更重要的是，沈先生揭示了《墨经》的逻辑学体系。《墨经的逻辑学》一书在阐述《墨经》的认识论之后，根据《小取》的规定，依次阐述了辩的目标和功用、名、辞、说和辩的原则及个别方式、《墨经》与各学派的关系等，这就把《墨经》的逻辑体系大体揭举了出来。他指出，"'辞以故生，以理长，以类行'十个字替逻辑学原理作了经典性的总括"，"《墨经》的逻辑学已经超出了论辩术的范围，成为具体科学的研究工具"。他紧紧抓住逻辑是研究推理的这个本质问题，阐述中国古代思想家对归纳、演绎、类比推理的认识历史，指出类推（或推类）是中华民族最为常用的一种推理形式，也是中国古代逻辑不同于西方逻辑和印度因明的最根本的特征。沈先生的《墨经的逻辑学》是中国逻辑史领域里的一部重要著作，它把我国学者对《墨经》逻辑的研究提高到了一个新的高度。

第二，沈先生对《墨经》四篇的编制的研究，也是一项值得重视的成果。他在伍非百、栾调甫对此研究的基础上，善者从之，不善者或补充或批驳，提出了许多新的重要见解。他指出，《墨经》之《经上》《经下》经历了古直行本（有错简前后两种本）、离章直行本、旁行本（出现在牒字之后，实由离章而来）、近世直行本（始于宋刊本）、近世旁行本几个阶段，解决《墨经》四篇的编制问题，将大大有助于校勘。同时，沈先生鉴于诸家对《经上》《经下》分章（或多）"多寡悉异"，无共同之标准或间架，致使讨论紊乱的情况，参照西方学者对亚里士多德著作标出段行的做法，建议以栾调甫《旁行例》六条对《墨经》建立一"共同之机械标准"，以方便讨论，克服紊乱。这个建议是很重要的。

第三，沈先生提出并论证中国历史上有三位有名的公孙龙。他早年就怀疑《公孙龙子》六篇为先秦的公孙龙所作。20世纪70～80年代，他一连撰写八篇论文对此作了深一步的研究。他全面考察了到目前为止所能见到的战国到东汉文献里反映出来的公孙龙的学说的倾向性，进而同现行六篇论述的公孙龙的思想作比较，发现两者"有很多不同的地方"：先秦的公孙龙是"诡辩家"或"潜性的哲学家"，而现行《公孙龙子》的作者"公孙龙"则是"显性的哲学家或逻辑学家"；先秦的公孙龙"不太叫人喜欢，但他有很多辩论技巧可以供人学习"，现行《公孙龙子》作者"公孙龙"是"受了道家的洗礼，是晋代的刑名家按自己的形象改造过的公孙龙，比较令人喜欢"。

沈先生根据他研究的成果，提出中国历史上有三位有名的公孙龙。①战国初孔子弟子公孙龙，尹文之师；②战国末辩者公孙龙，和尹文无关联；③晋代人心目中的理想的名家或刑名家"公孙龙"。

①和②的混淆与②和③的纠缠并非毫无关联。汉代流传的《公孙龙子》十四篇是②的著作，仅有诡论，没有哲学命题，严格遵守辩论规则，可以和芝诺的诡论相媲美，比较能令逻辑研究者满意。后代流行的《公孙龙子》六篇是②和③的混合，主要是③。其中两篇没有诡论，仅有哲学命题；两篇把一些诡论牵强地服务于哲学命题。这些哲学命题是晋代人阐发出来的隐藏在诡论背后并被认为合理内核的哲学前提或其他哲学命题。除《迹府》外的五篇《公孙龙子》基本上是晋代刑名家（如鲁胜、阮裕、爰俞等）按自己的形象完成的创作。五篇虽比十四篇更令人喜欢，但其"不三不四"的性质却使一些逻辑研究者大为不满。流行的"公孙龙流入诡辩"的公式十分牵强，是把历史过程整个颠倒了。

我认为，抓住反映先秦公孙龙面貌的较早文献作全面的考察，这是破解现行《公孙龙子》作者之迹的一把钥匙。沈先生提出的战国末辩者公孙龙和晋人改造过的"公孙龙"都值得研究，这对我们了解战国末辩者思想与晋代刑名家思想的联系和区别有重要的意义。

第四，沈先生研究先秦名辩思想所遵循的原则和所运用的方法对学术界有重要的指导作用。

他指出，搞学术史的人一定要尊重历史，实事求是，坚决放弃主观主义。研究《墨经》，他首先提出"让《墨经》自己来注释自己"的诂解原则：在校勘方面，没有十分必要的时候不轻易改动原文；在注释方面，要反复比较各种可能的解释，经过了精审的考虑，然后采取一个比较自然最合理的说法，若是找不到一个合理的解释，也不强解。研究惠施，他指出，现存惠施的材料，只有结论，没有论证，是没有逻辑意义的，大家凭想象去猜，虽然有可能猜中，但必定缺乏足够的根据，有时大家猜得不同，也无法判定谁是谁非。因此，与其大家凭自己想象去猜，还不如等待将来某一天再挖出一个"马王堆"来，大家就可以凭借古代资料去研究了。这充分反映出一位老专家严肃的科学态度和实事求是的精神。他的话对我国当前的学术界是很有针对性的。

沈先生指出，研究古籍要把文字考辨和思想阐发结合起来，无考辨之功的思想，有时尽管分析得非常巧妙，却往往不是古人的思想；无思想阐发的考辨，有时尽管十分精细，却常常不得思想之要领。针对学术界研究古籍的实际情况，他特别强调学者要加强文字考辨之功，要自己动手做文字考辨工作，而不能"放心地"利用前人的考辨成果。他在古籍研究中，一方面对某些学者不重视考辨提出了尖锐的批评，一方面自己做出榜样，做出成果。

沈先生指出，搞科学研究要提倡科学想象。他说："对古代文献的考据，由于材料的限制，有时不可能得出百分之百可靠的结论，只能凭或然性做出判断，或提出猜想和假设。"又说："大家不妨发挥一下郭老（沫若）所提倡的科学性的'想象力'。"当然，这里所说的想象力不是凭空胡思乱想，而要有根据，并且要用理智和实践去检验想象力所提供的假设。沈先生对古籍的研究，特别是对公孙龙其人其书的研究均发挥了高超的想象力，得出了一系列假设和猜想，令人拍案叫绝。

（四）

20世纪30年代，沈先生研究中国传统文化，提出了许多重要的新见解。

第一，在哲学方面，他提出了中华民族性和哲学关系的新观点。他说，中国人往往悟性很强，那种直觉的本领，当下契悟的机性远过于西洋人和印度人，因此对待事物持一种不分析的态度；中国人又大都看重现实生活，而对现实生活以外的问题不太理会，所以讲究中庸、调和，不走极端。一方面，中国人保持着明彻的悟性，理性的尊崇，客观的态度，调和的、综合的精神，这些大有益于哲学和文化的发展；另一方面，中国人不取分析的态度，缺乏彻底清晰的思想活动，缺乏积极的综合的方术和组织思想的能力，因此对于哲学问题不理会，对于哲学系统不努力。因此他得出，中国以往的历史虽然没有多少系统的哲学思想，却处处充满了哲学的精神，中华民族"不愧是一个'哲学的民族'"。他乐观地预言："无论如何，我们现在已经可以知道，哲学在中国将有空前的复兴，中国民族将从哲学的根基找到一个中心思想，足以扶植中国民族的更生，这是必然的现象。"贺麟先生当年评论说，沈先生说出了"非卓有见地的人不敢说的话"。至今仍有学者著文高评沈先生的上述观点。

第二，沈先生早年发表了评王光祈的《东西乐制之研究》一文，反驳某些"自命开明的中国人"以为中国没有什么高尚的音乐，音乐不是中国民族之所长的论点，尖锐地指出："岂知在中国古代，音乐是唯一的艺术，也代表了艺术的一切。古书中惟有关于音乐的记载，才有十足地表现着艺术的眼光的。""音乐无疑的是古代中华民族精神生活的极诣！"又说："在某种意义内，中华民族确是世界上最富有音乐性的民族。它的潜藏着的能力，受着西洋文化的熏习，将起一空前的酝酿与发展。中国民族将在音乐里表现它的沉毅、和平、苍郁、神秘的灵魂。"该文对王光祈所谓中国古代的标准度量衡皆起于黄钟之律说，对古人计算十二律管的方法的评价等予以商榷，并对后者做了精确的计算。该文还对中国俗乐的七律旋宫制的音阶、音值做了细致的论证。这是一篇理论性和技术性都十分强的乐制论文，也是一篇关于中国传统美学的论文。赵元任先生评价说，此文写得很深，许多专家都不一定看得懂。

第三，沈先生对《周易》有深刻的见解，1936年他在《哲学评论》上发表《周易卦序分析》一文，连标点在内不足200字，指出《周易》卦序用建构原则而不用平等原则"是以意味深长，后世儒者多不能晓"。又指出，主卦从卦其排列则上篇象天而圆，下篇法地而方，有三序：回互之序，交错之序，顺布之序，"井然森然，杂而不乱，学者所宜用心焉"。胡世华先生评论说，这是关于《周易》卦序的真正科学研究。

（五）

沈先生晚年（1972年以后）给王浩先生写过许多讨论学术问题的信，其中就哲学、逻辑、数学等领域的若干重要题目发表了他的看法。

比如，他认为作为方法论的广义的哲学，有不能谨严阐述的方面和世界观很难分开，也有能谨严阐述的方面，它的范畴分析的精确程度可能接近形式逻辑，但就内容说它比形式逻辑的范围更广阔；大体上说，欧洲大陆上的逻辑实证论跟艾耶尔大不相同，后来都多多少少地转向康德哲学，以至于每当考虑逻辑实证论都习惯于只考虑艾耶尔，但这习惯是没有历史根据的，完全错误的；哥德尔自命为柏拉图主义者，但实际上他是随时准备退到康德的立场的；应该有一种哲学所需要的普遍语言和理论，其中有大量之自指语句，此理论可能不出悖论，也可能出局部化的悖论；在普遍的哲学语言问题上，哥德尔的话和维特根斯坦的话在一定程度上沟通起来了；亚里士多德的模态是本体论的，不是纯逻辑的……

又比如，他认为三阶逻辑可以确信不应当叫做纯逻辑，但二阶逻辑似乎有理由要求包括在纯逻辑中；搞清楚构造性集合论和古典逻辑与集合论的根本性的关系是数学基础研究中最为重要也最为迫切的问题；他不赞成布劳维尔那样把数学限制到构造性部分；古典数学不"包括"构造性数学，古典数学和构造性数学二者都"包括"在"模态"数学中，在"归约论"的计划中间存在有以构造性数学的"精神"解释古典数学的企图，这个计划在哲学上也许是有吸引力的，但其结果从逻辑观点来看将是一个非常难于处理的系统，或许它只相当于古典数学的必要部分的一个构造性的相容性证明，然而这项结果是极其重要的；连续统问题长久不得解决，是古典集合论的耻辱……

再比如，他认为，中国语言在精神上似乎生来就是"辩证的"，用汉语表达逻辑思想现在仍旧相当困难；在心思、词、客体这样一个三角关系中，不但从言者看词表达心思，从听者看心思解释词也很重要，词表示客体和心思意指客体似乎也是说不同的关系……

沈先生上述观点是在给同行的信中自由叙述的，也多是他深思之后得到的。进一步研究和发挥他的这些看法可能会得到重要的学术成果。

（刘培育）

沈有鼎主要著作：

1. 《墨经的逻辑学》，中国社会科学出版社1980年版。
2. 《沈有鼎文集》，人民出版社1992年版。

3. 《逻辑通俗读本》（合著），中国青年出版社1962年版。
4. 《形式逻辑简明读本》（合著修订本），中国青年出版社1983年版。
5. 《沈有鼎集》，中国社会科学出版社2006年版。

陈 康：希腊哲学的中国探究家

陈康（1902～1992），原名陈忠寰，江苏扬州人。1929年毕业于东南大学（现南京中央大学），后去英国伦敦大学学习哲学。1930年赴德国柏林大学，学习希腊哲学等。1940年博士毕业回国，至1948年历任西南联大、北京大学、中央大学、同济大学等校教授。1958年赴美国，历任美国加利福尼亚州大学、得克萨斯州大学、南佛罗里达州大学等校教授。后年老退休，留居美国。1992年，病逝于加利福尼亚州奥克斯纳市。

陈 康

陈康先生是我的老师。我上西南联大的时间较晚，1943年以前陈先生在联大讲的课程没有听上。1944年陈先生在重庆中央大学授课，他译注的柏拉图著作《巴曼尼德斯篇》于是年正式出版，这本著作给我们打开了研究哲学史的一个新眼界，促进我研究希腊哲学的兴趣。1945年我有幸考取北京大学文科研究所，作陈先生的研究生。1945年秋至1946年春，陈先生回联大讲授"希腊哲学史"，并给我们领读柏拉图《国家篇》第四、第六两卷的重要部分。1947年他回北京大学任教，讲"知识论"、"柏拉图的辩证法"、"柏拉图和亚里士多德的哲学"（主要讲他的博士论文 *Das Chorismos-Problem bei Aristoteles* 一书的内容）等课程外，又给我们领读亚里士多德 *Metaphysica* 的Z卷和H卷。我面聆先生的教益不多，但从课堂里听到以及从他著作中学习到的，让我深深感到陈先生教给我们的是实事求是、不尚玄虚、不取道听途说、不作穿凿附会的方法，是研究哲学史，特别是研究古典希腊哲学史的一种重要方法。研究西方哲学史当然可以有各种不同的方法，凭学者各人爱好选用。陈先生采用的可以说是以德国为代表的欧洲大陆研究古典哲学的方法，它需要有深厚的学识基础和严肃认真的治学态度。

陈康先生曾就读于南京中央大学（原东南大学），是汤用彤先生的学生。1929年毕业后，他去英国伦敦大学学习，1930年转赴德国，师从 Julius Stenzel 等学希腊哲学、希腊文和拉丁文，后来主要师从Nicolai Hartmann学习。N. Hartmann原属新康德主义中的马堡学派，后来转变为实在论，是批判本体论（ontology，陈先生译为"万有论"）的创始人。陈先生在他指导下完成博士论文，于1940年取得柏林大学哲学博士学位。陈先生的哲学思想受N. Hartmann影响甚深，1940年底刚回国后即撰《力可拉也·哈特曼》一文，师生情谊溢于言表。陈先生在德国钻研希腊哲学十年，如贺麟先生所说，他是中国人中"钻进希腊文原著的宝藏里，直接打通了从柏拉图到亚里士多德的哲学的第一人"。回国后他历任西南联大、北京大学、中央大学、同济大学等校教授，1948年赴台湾任台湾大学教授，1958年去美国，历任Emory University、University of California、University of Texas、University of South Florida等校教授。

1949年起我和陈先生的联系顿告中断，直到三十年后才请王浩学兄（1943年他在西南联大作清华研究生时曾听过陈先生的"知识论"课程）在美国找到陈先生的住址，虽然有过几次通信，因先生年老多病，不能向他请教问题了。1986年读到江日新和关子尹两先生编的《陈康哲学论文集》（台北联经出版事业公司出版），不但收有1949年以前我们看到过的文章，还收集了陈先生在台湾时期的论文和演讲，使我们了解这段时期陈先生的学术活动。编者辛勤搜罗，仔细编辑，使散见的珍贵著作能集中一起，便于海峡两岸学人探讨，促进哲学史和哲学研究，令人感谢。

更重要的是我们在书中看到了陈先生为这本论文集专门撰写的"作者自序"，这是他最近的文章。他特别强调构思和写作的方法，批评了"自从'五四'以来，念外国书的人日渐增多，才华超迈绝伦，不甘略受拘束的人士喜欢将糖酒油盐酱醋姜倾注于一锅，用烹调'大杂烩'的办法来表达自己集古今中外大成的思想体系"，然后陈述了他自己的方法：

> 这本小册子里的每一结论，无论肯定与否定，皆从论证推来。论证皆循步骤，不作跳跃式的进行。分析务必求其精详，以免混淆和遗漏。无论

分析、推论或下结论，皆以其对象为依归，各有它的客观基础。不作广泛空洞的断语，更避免玄虚到使人不能捉摸其意义的冥想来"饰智惊愚"。研究前人思想时，一切皆以此人著作为根据，不以其与事理或有不符，加以曲解（不混逻辑与历史为一谈）。研究问题时，皆以事物的实况为准，不顾及任何被认为圣经贤训。总之，人我不混，物我分清，一切皆取决于研究的对象，不自作聪明，随意论断。

陈先生的著作可以充分证明他是真正实践了这种方法的。应我们要求，1982年商务印书馆重印了陈先生译注的《巴曼尼德斯篇》，后来又列入"汉译世界学术名著丛书"。此书出版以后，许多哲学史工作者和中青年哲学家都为它的严密论证、深邃分析和新颖观点所吸引，视为楷模，对哲学史研究起了很好的促进作用。

陈先生的著作，除许多论文外，主要有三本专著：一是上述博士论文，原书是德文，汉译名《亚里士多德论分离问题》；二是他译注的《巴曼尼德斯篇》，其中译文很少，十分之九以上篇幅是注释，实际上是陈先生对柏拉图这篇最难读、历史上分歧意见也最大的对话作出他自己独创的解释；三是1970年在纽约出版的 *Sophia: The Science Aristotle Sought*（《智慧——亚里士多德所寻求的学问》），可以说是陈先生一生研究亚里士多德哲学的总结。

陈先生译注的《巴曼尼德斯篇》是应当时由贺麟先生主持的"西洋哲学名著编译会"的要求而写的。他在"序"中曾说道："现在或将来如若这个编译会里的产品也能使欧美的专门学者以不通中文为恨（这绝非原则上不可能的事，成否只在人为！），甚至因此欲学习中文，那时中国人在学术方面的能力始真正昭著于世界；否则不外乎是往雅典去表现武艺，往斯巴达去表演悲剧，无人可与之竞争，因此也表现不出自己超过他人的特长来。"这番话表达了我们中国研究西方哲学史的工作者应有的抱负。在希腊哲学研究方面，能够和西方学术界一争短长的，至今大约只有陈先生，可惜他后来的许多著作仍然是用外文发表。

陈先生在希腊哲学的研究中提出了许多卓越的创见，现在就这三部专著作点简要的介绍。

所谓"分离（chorismos）"问题原来主要是指柏拉图所说的idea（或eidos，陈先生译为"相"或"形"）和具体事物是不是分离的？因为亚里士多德记载说：主张idea的人们认为在具体事物之外（这里用的是"para"）还有另外一类东西，它们和具体事物相同，不过它们是永恒的。（Met. 997^{b}5~7）。因此，从古代开始传统的说法认为柏拉图的idea和具体事物是相互分离的，亚里士多德修正了他的意见，认为form（eidos）是在事物之中的，在这点上，亚里士多德反对了柏拉图。这个问题不是一个单纯的分离问题，实际上是作为普遍共相的idea和具体事物究竟有什么不同以及处于什么关系的问题，也就是一般和个别的关系问题。在柏拉图和亚里士多德之间发生这个问题，到中世纪哲学有唯名论和实在论之间的争论，一直到近现代西方哲学也还以这样或那样的方式围绕这个问题进行争论。所以，它是西方哲学史上一个贯彻始终的基本问题。陈先生在博士论文中详细讨论了这个问题，他认为柏拉图并没有主张分离，亚里士多德批评的并不是柏拉图，而是他的其他学员。陈先生还指出这个原始的分离问题到亚里士多德哲学中分化成为许多方面的分离问题，如substance和属性的分离，substance范畴和其他范畴的分离，事物和它的属性的分离，作为essence的eidos和事物的分离，genus和species的分离，以及它们和the most universals的分离等等，他具体分析了各种不同的分离形式，为我们理解亚里士多德的ontology思想提供了明白清楚的线索。

《陈康哲学论文集》一书在广泛收集陈先生著作方面做了不少工作，但读后感到这本书没有能将陈先生的主要学术研究成果反映出来，但可以看出，1948年～1958年期间，陈先生的著作和演说主要是花在哲学普及化的工作上。

从1980年开始，我们就着手收集陈先生的著作。1949以前陈先生写的论文，如《陈康哲学论文集》中编者提到没有找到的《柏拉图〈曼诺篇〉中的认识论》，以及上文提到的陈先生纪念他的老师写的《力可拉也·哈特曼》都收集到了，特别是贺麟先生保存的陈先生1935年在德国写的《柏拉图认识论中的主体与对象》等文章。陈先生用外文在国外发表的著作收集不易，他的论文大多发表在专门刊物如 *Phronesis* 上，国内根本无法找到。承和陈先生同时在德国留学的熊伟先生指示线索，请王浩学兄在美国为我们寻找，先后寄回陈先生于1958年后写的英文论文十篇。陈先生的博士论文是请王玖兴学兄（1945年他在昆明读清华大学研究生时和我们一同听过陈先生的课）在德国大学图书馆中找到的；*Sophia*一书也是王浩学兄为我寄来的。

这样，花了几年时间，陈先生的著作我们大体已经收集齐全。为了弥补《陈康哲学论文集》的缺陷，更全面地介绍陈先生的著作，我和王太庆（他在西南联大和北京大学与我一道听陈先生的课）决定重编一本《陈康论希腊哲学》，内容包括：陈先生在1949年以前写的文章，《陈康哲学论文集》中所收1949～1958年写的文章，并且将陈先生写的英文论文全部译成中文；因为这些文章中讲亚里士多德哲学的较多，讲柏拉图哲学的较少，所以又将作为附录收入《巴曼尼德斯篇》书中的

《"少年苏格拉底"和"相论"考》，以及陈先生当时为北京大学文科研究所用德文撰写的《论柏拉图〈巴曼尼德斯篇〉》的译文（王太庆译）收入，再从我保存下来听陈先生讲课笔记中讲柏拉图哲学的两段也整理收入。全书以陈先生论述柏拉图和亚里士多德哲学为主，也收集了陈先生论述哲学问题的几篇重要论文。陈先生不但是希腊哲学史的专家，而且是一位有自己独创见解的哲学家。全书约五十余万字，比《陈康哲学论文集》篇幅约多三分之一以上。这项工作除得到上述诸位先生和学兄，特别是王浩学兄给我们很多帮助和鼓励外，还应该提到陈先生在中央大学时指导的研究生苗力田学兄（他现在正主持《亚里士多德全集》的翻译工作）和陈步学兄（他还保留了几篇陈先生亲笔校正排印错误的文章）的支持和帮助。这本书的稿件已于1987年交给商务印书馆，因为印刷条件困难，尚未出版。

陈先生一生孜孜从事学术研究，不求闻达。我们做这些工作是为了将陈先生的学术研究成果和他的为学方法介绍给希腊哲学、哲学史和哲学的爱好者。陈先生执教40年，海峡两岸和海内外有不少他的学生或听过他的课的同道，想来都会赞成这项工作的。王浩学兄至今还记得他听陈先生讲的"知识论"课程，深入浅出，很有启发。他几次鼓励我将这份笔记整理出来，可惜我保存的这份笔记已经残缺不全，希望有保存这份笔记的同学一起合作，能让它公开发表。介绍和共同研讨陈先生的学术成果和思想，对于我们研究希腊哲学、西方哲学，培养这些研究方面的中青年学者，提高中国在这方面的研究水平，都将是有益的。谨以此短文作为倡议，献给海内外同好。

（汪子嵩）

陈康主要著作：

1. *Das Chorismos Problem bei Aristoteles*, Berlin, 1940.
2. *Sophia. The Science Aristotle Sought*, Georg Olms Verlag, Hildesheim, New York, 1976.
3. 《巴曼尼德斯篇》，商务印书馆1944、1981年版。
4. 《论希腊哲学》，商务印书馆1990年版。
5. 《陈康哲学论文集》，台北联经出版事业公司1985年版。

洪 谦："维也纳学派"的中国成员

洪谦（1909~1992），又名洪潜，号瘦石。祖籍安徽歙县，1909年生于福建。1927年赴德国耶拿大学学习。1928年到维也纳，师从维也纳学派创始人石里克。从1930年开始，应邀参加维也纳学派的"周四讨论会"。1934年写成博士论文《现代物理学中的因果性问题》。1937年初回国，在清华大学哲学系任教。1940年至1945年在昆明西南联大任教授。1945年至1947年在英国牛津大学新学院任研究员。1948年至1949年在武汉大学哲学系任教授兼系主任。1951年转任燕京大学哲学系教授兼系主任。1952年后任北京大学哲学系教授兼外国哲学史教研室主任。1965年又兼任北京大学外国哲学研究所所长。从1979年起，兼任中国社会科学院哲学研究所研究员和学术委员会委员。1981年至1992年，任中国现代外国哲学研究会名誉理事长。1992年2月27日病逝于北京。

洪谦先生，是我国著名西方哲学专家，曾是维也纳学派成员，我国在国际哲学界有声望和影响的少数哲学家之一。早年就读于东南大学预科时，他在《学衡》杂志发表有关王阳明的文章，得到康有为的赏识。康有为推荐他拜梁启超为师，梁启超又介绍他去日本东京帝国大学师从阳明学权威宇野哲人。半年后他因病回国，在清华大学国学研究所预科旁听一年，接受梁启超的悉心指导。1927年，由梁启超推荐，洪谦赴德国耶拿大学求学，选修物理、数学、哲学等课程，博览群书，后转入柏林大学，聆听柏林经验哲学协会奠基人莱辛巴哈（Hans Reichenbach,

1891～1953）的课程。由于他对哲学更有兴趣，莱辛巴哈提醒他重视莫里兹·石里克（Moritz Schlick，1882～1936），并对石里克的《当代物理学中的空间与时间》和《普通认识论》评价很高，爱因斯坦也谈到石里克在这些方面很有造诣。于是，由于莱辛巴哈的建议，洪谦便于1928年转赴奥地利，来到维也纳，跟随维也纳学派创始人石里克学习，参加石里克小组的讨论活动。关于这段经历，他在1984年9月接受奥地利格拉茨大学哈勒教授采访时回忆到："石里克待我十分热情，一开始就指导我的学习。他建议我首先扎扎实实地学习自然科学，让我认真学习数学和物理，并要我到卡尔纳普那里听数理逻辑。""石里克很喜欢我，我们之间关系亲密。可以说，他成了我心中的偶像。""大约在1930年，石里克邀请我参加星期四晚上在玻尔兹曼巷举行的石里克小组会议。我在这里认识了许多原来没有机会认识的维也纳学派的成员。"关于小组的学术气氛，洪谦说石里克在哲学分歧上是不客气的，"但是，一般说来，凡是不涉及哲学观问题，他是很客气的，而且抱妥协态度。总之，我可以肯定地说，我感到这个学派中的气氛是和谐的。他们之间总是那么彬彬有礼，友爱和诚恳。"关于石里克与罗素的关系，洪谦说："石里克十分尊敬罗素，既尊重他的哲学，又尊重他的人品。"至于维也纳学派所受的影响，洪谦感到，人们对维特根斯坦的影响有些估计过高，而对塔尔斯基（Alfred Tarski，1901～1983，波兰逻辑学家）的影响则估计不足。他说："塔尔斯基关于元数学的演讲对维也纳学派的影响极大，尤其是对卡尔纳普。谁都知道，后来卡尔纳普是借助元数学问题而提出元语言问题的。""由于受到塔尔斯基的元数学理论和真值概念的新表述的启发，卡尔纳普不再把语言分析限制在句法分析，开始把注意力转向语义学方面。如果把这看成是卡尔纳普哲学的'转折'，那就可以说，这种'转折'来源于塔尔斯基，正像石里克哲学的'转折'来源于维特根斯坦一样。"卡尔纳普于1970年逝世，这使洪谦十分悲痛。他回忆说："卡尔纳普是石里克之外我最难忘的师长，无论在学习上，还是在个人事情上，他都曾给我巨大的帮助。"①

在石里克的指导下，洪谦于1934年写成博士论文《现代物理学中的因果性问题》，获量子力学创始人之一的海森伯审阅，得博士学位。关于这篇论文的写作，洪谦在回忆中说："1929年，雨果·柏格曼（Hugo Bergmann）的《在现代物理学中围绕因果律的斗争》一书问世，引起了哲学界的激动。这本著作激烈地反对物理学中的非决定论。因而石里克向我建议，应当选'物理学中的因果问题'作为博士论文的题目，明确地论述这个问题的是非。在撰写过程中，他给了我很大帮助。我花

---

① 哈勒：《洪谦教授访问记》，韩林合编《洪谦选集》附录，吉林人民出版社2005年版，第550～553页。

了一年半的时间来写它，石里克更是逐句审阅。这篇论文的内容，是明确地阐述石里克关于因果问题的观点，以期在那个时代物理学理论的基础上得出关于因果关系和自然规律的认识。"① 结业后洪谦留在维也纳大学哲学研究所，并继续在石里克担任的讲座内活动，还经常到石里克家中欢度节日或会见客人。

1936年6月，石里克不幸被一患精神病的学生枪杀而身亡。洪谦便于1937年初回国，受聘为清华大学哲学系讲师，1940年至1945年在昆明西南联合大学任教授，抗战胜利后，应英国牛津大学新学院之邀，1945年至1947年任该学院研究员，从事教学与研究，1947年回国，1948年至1949年任武汉大学哲学系教授兼系主任，写成《石里克与现代经验主义》一文，1949年发表于美国的《哲学与现象学研究》杂志上。1951年他转任燕京大学哲学系教授兼系主任。1952年全国高校院系调整后，他任北京大学哲学系教授，兼外国哲学史教研室主任。1965年，筹建北京大学外国哲学研究所，后因"文化大革命"而中断，70年代末以后，他才实际兼任外国哲学研究所所长，直到1992年病逝。

在西南联大期间，洪谦先生虽属外国语言文学系，为学生讲授德语等课程，但他同时在哲学系授课，如1941年讲授"数理哲学"，1943年讲授"语言与哲学"，1944年讲授"语言逻辑研究"等。他的学术探讨活动十分活跃，发表了一系列文章，如《自然科学与精神科学》《维也纳学派与玄学问题》《石里克的〈普通认识论〉》《科学与哲学》《维也纳学派与现象学派》《或然性的逻辑分析》《论〈新理学〉的哲学方法》等。正是基于这一系列论述维也纳学派思想的文章，他于1944年底编写了《维也纳学派哲学》一书，1945年由上海商务印书馆出版。1989年，该书补充了三篇文章，由商务印书馆修订再版。我们可以说，他关于维也纳学派的主要学术成果，是在维也纳奠定基础，又是在西南联大期间基本形成的。

在新中国成立后的近30年里，他与许多从旧社会、旧大学过来的教授、学者一样，在接连不断的政治运动和意识形态领域的大批判中，经常处于接受"批判"的地位，难以走上教学第一线，很少为学生开设基础课，客观上更不允许他继续开展维也纳学派的研究。

但是，洪谦先生一直没有离开西方哲学史和现代西方哲学的研究领域。特别是在全国实行改革开放的十余年里，他更加着重恢复和深入研究维也纳学派、逻辑经验主义，并且注重全面的批判性分析，进一步梳理和揭示维也纳学派主要成员之间的差别与分歧，维也纳学派与现代西方其他哲学派别之间的关系与影响。比如，

---

① 哈勒：《洪谦教授访问记》，韩林合编《洪谦选集》附录，吉林人民出版社2005年版，第558页。

他在这方面发表的重要文章有《克拉夫特哲学简述》《国际维特根斯坦哲学讨论会观感》《石里克与逻辑经验主义》《关于逻辑经验主义——我的个人见解》《逻辑经验主义概述》《艾耶尔与维也纳学派》《关于逻辑经验主义的几个问题》《石里克：相互联系中的哲学问题》《艾耶尔和逻辑实证主义》《鲁道夫·卡尔纳普》等。在此期间，即20世纪80年代以后，洪谦还积极开展了国际学术交流活动，他曾多次出席国际学术会议和学术访问。比如，1980年，他赴奥地利参加第五届国际维特根斯坦哲学讨论会，并访问了维也纳大学和英国牛津大学王后学院。1982年，他去维也纳参加国际石里克和纽拉特哲学讨论会，并访问了牛津大学三一学院。1984年，他再次访问牛津大学王后学院，并到维也纳大学接受荣誉哲学博士学位。1986年，他应邀到日本东京大学做学术访问。1988年，他去香港中文大学参加分析哲学与科学哲学讨论会。

从1979年起，洪谦兼任中国社会科学院哲学研究所研究员和学术委员会委员。1981年至1992年，他担任中国现代外国哲学研究会名誉理事长。1980年、1982年、1984年，他曾兼任英国牛津大学客座研究员。1986年，他兼任日本东京大学客座教授。

洪谦先生毕生从事西方哲学的研究，作为维也纳学派的成员之一，他主要从事维也纳学派、逻辑经验主义（或称逻辑实证论）的分析与评论，其研究在国内具有开创性，在国外也有一定的影响。

总体来看，洪谦先生在学术上的重要贡献和成就包括三个方面。

一、全面评介维也纳学派和逻辑经验主义。

维也纳学派是现代西方哲学中的重要学派。这个学派以石里克为中心，拥有众多的著名学者。20世纪20年代初，石里克在维也纳大学担任为马赫特设的归纳科学哲学讲座的教授，随后又成立了"石里克小组"，定期讨论现代物理学、数学和逻辑学的新发展以及有关的认识论问题。20年代末期，又在"石里克小组"基础上建立了"维也纳学派"，并出版了小册子《科学的世界观点——维也纳学派》，阐明基本纲领，正式标志这个学派的问世。洪谦先生在西南联大几乎费了四年的工夫，写成《维也纳学派哲学》一书，作了全面的评介。后来又在《逻辑经验主义概述》、《关于逻辑经验主义的几个问题》等论文中涉及更多的方面。这里略述几点。

1. 维也纳学派形成的思想、历史条件。

关于维也纳学派的形成，"除了继承休谟、孔德、J. S. 密尔和马赫等人的实证论基本观点之外，还有其他重要的因素：首先是相对论的创立和量子物理学的新发展；其次是费雷格的巨著《算学基础》（1884）之开始受到重视，罗素与怀特海合著的《数学原理》（1910~1913）的出版；以及石里克的《普通认识论》（1918）和维特根斯坦的《逻辑哲学论》（1922）的影响。没有这些理论作为其思想基础和方法论基础，则任何形式的新实证主义或新经验主义，无论逻辑实证主义还是逻辑经验主义，都是根本无法想象的。"①

逻辑经验主义为什么会出现在德语国家奥地利？洪谦认为这也绝非偶然，而有其深刻的历史背景：奥匈帝国有着它自己不同于德意志帝国的哲学传统，即与先验唯心主义相对立的经验的实在论，与唯理主义相对立的经验主义，与形而上学相对立的反形而上学倾向。奥地利哲学的创建者是布伦坦诺（F. Brentano）和布伦坦诺学派，这个学派着重强调的观点是：一切研究活动必须从经验出发，以经验为基础；哲学与科学携手并进；必须从哲学中清除康德的先验唯心主义和德国的思辨哲学；把哲学问题归之于语言问题。这与维也纳学派基本思想是一致的。洪谦指出，只有在这种特定条件下，"马赫才能建立他的观象主义或一般所说的实证主义，从而维也纳学派也才可能在马赫哲学的基础上借助现代物理学、数学和逻辑学的发展创立新的实证主义，即逻辑实证主义（或逻辑经验主义）"②。

2. 维也纳学派的主要成员和发展趋势。

石里克（M. Schlick）是这个学派的创始者，此外，当代逻辑学家卡尔纳普（R. Carnap），动物学家魏斯曼（F. Waissmann），数学家汉恩（H. Hahn）、孟格尔（K. Menger），物理学家弗朗克（Ph. Frank），社会学家纽拉特（O. Neurath），都是其中的主要人物，还有克拉夫特（V. Kkaft）费格尔（H. Feigl）、哥德尔（K. Godel）、拉达科维奇（T. Radakovic）、济塞（E. Zisel）和现象学者考夫曼（F. Kaufmann）等人，洪谦先生与他们一起，成为这个学派的重要成员。洪谦认为，这个学派"包含了许多关于人类思想学术文化的有价值的思想"，揭示了"探索人类精神境界的科学途径"③。他把石里克称作"一位真正对我们时代的哲学作出重大贡献的德国哲学家"④。在洪谦看来，石里克对人类学术、文化之最大贡献，主要还不在于他的逻辑实证论，而在于他能综合科学哲学各种代表人物的思想，建立一个"科学的哲学"的理论基础。所谓"科学的哲学"，可以溯源到孔德（A. Comte）和穆勒（J. S. Mill），到了马赫（E. Mach）、波尔兹曼（L. Boltzmann）、奥斯特瓦尔德（W. Ostwald）、彭加勒（H. Poincare）、罗素（B. Russell）等人那

---

① 洪谦：《逻辑经验主义概述》，载《洪谦选集》，吉林人民出版社2005年版，第442页。
② 洪谦：《关于逻辑经验主义——我的个人见解》，载《洪谦选集》，吉林人民出版社2005年版，第432页。
③ 洪谦：《维也纳学派哲学》，载《洪谦选集》，吉林人民出版社2005年版，第2页。
④ 洪谦：《莫里兹·石里克与现代经验论》，载《洪谦选集》，吉林人民出版社2005年版，第230页。

里，才发展起来。但要使它超出一切传统思想，自成一个哲学体系，则不能不归功于维也纳学派的创始人石里克。

石里克，1882年出生于德国柏林，自幼对物理、数学感兴趣，1904年在大物理学家普朗克指导下获哲学博士学位，自此将研究转向哲学，1922年任大物理学家马赫与波尔兹曼所创立的维也纳大学自然哲学研究室主任教授。维也纳学派在石里克领导下成为有世界性影响的科学哲学的运动中心。

石里克区别知识的内容与情感的内容，认为知识的内容的真理性是由经验证实的，是可以说明和表达的，而情感的内容则是一种感觉，一种体验，原则上是不能说明和表达的，而传统的形而上学家们混淆了知识与体验的本质，要求将不能指示的意义加以指示，把不能说明的意义加以说明，结果便产生了许多形而上学的无意义的问题，如"灵魂不死"、"意志自由"、"上帝存在"，等等。但石里克与一般经验主义者不同，并没有从批评形而上学而导致完全否定或拒斥形而上学，因为形而上学就其本质而言，只是一种"生活的基本感情"，虽不能成为知识的理论根据，却能促进我们内心的追求，满足我们感情的热望，从而启发精神生活与人生意义。石里克认为人类感情中共有一种纯真的"爱"和天赋的"善"，我们的生活就是要尽量体悟这种"爱"，欣赏这种"善"，整个文化的意义，在于使人类"青春化"，就是说人类的一切作为，不受某种目的所支配，如同"游艺"一般，正像德国戏剧家席勒所说："人仅有在'游艺'的时候方是一个完全的人。"即是说，人在生活与工作中怀着青春的热情，不为目的所支配，就会领悟人生的真正意义。石里克把理想的人生比做音乐家、诗人的人生，并说："形而上学是概念的诗歌。"他认为生活与知识同样重要："仅为知识而生活是空虚的，仅为生活而生活是贫乏的。"而且他把生活的愉快和乐趣与"人生的创造活动"紧密联系，认为只有创造的人生才是真的快乐的源泉，才能引导我们达到"青春"的境界和"游艺"的人生。从这一点上，洪谦颇为推崇石里克的人生哲学，并认为他不仅是一个思想家，而且是一个哲学家。

洪谦谈到，维也纳学派的成员之间也常常在理论上出现差别和分歧。对于维特根斯坦，石里克便不像魏斯曼那么狂热。例如，他并不赞同《逻辑哲学论》的全部内容。而在石里克小组内，围绕维特根斯坦的《逻辑哲学论》，争论也很激烈，有时是以石里克和魏斯曼为一方，纽拉特和卡尔纳普为另一方。"纽拉特完全持与维特根斯坦相反的意见：他对维特根斯坦的逻辑原子主义，拒斥形而上学，关于'不可说'的概念以及哲学仅仅是阐明的观点,都持保留态度。"①卡尔纳普对维特根斯坦学说的态度,虽然比纽拉特较为温和,也仍然认为《逻辑哲学论》中的许多命题是很可疑的,有些则是不能成立的。洪谦指出,纽拉特是维也纳学派中出色的组织家和卓越的宣传家,"没有他的非凡的组织才能,就没有维也纳学派,没有马赫学会,没有世界性的统一科学运动……"②至于卡尔纳普,洪谦与他的交往颇深,认为他是当代的大逻辑学家和哲学家,并集中详述了他的《宇宙的逻辑构造》一书和物理主义的观点,介绍了他的生平。对于学派中的其他成员,如艾耶尔、克拉夫特、费格尔等人,洪谦也都有专文评述他们的生平、作用,并着重涉及了他们在一系列观点上的异同。

洪谦先生指出,国际上的逻辑经验主义思潮,自维也纳学派初创以来,经历了几十年来巨大的变革和发展,许多重要观点发生了变化。时至今天,像最初以石里克为首在维也纳,接着以卡尔纳普和莱辛巴哈为首在洛杉矶,以及后来以费格尔为首在明尼苏达那样的运动中心,是不复存在了,但逻辑经验主义的科学观却依然活跃于当代西方国家的许多派别中,仍然可能出现这种思潮的复兴的时代。

3. 逻辑实证论的哲学贡献和基本特点。

逻辑实证论是人们对维也纳学派比较常用的一个名称。洪谦指出,逻辑实证论在哲学方面的贡献,在于综合了马赫、罗素、维特根斯坦的哲学思想,以及应用现代科学,如相对论、量子力学的理论根据,建立了一个哲学系统。这个哲学系统我们可称为一个"科学的哲学系统"。

逻辑实证论与传统的或一般的实证论,在哲学上是有重大区别的。实证论可以从历史上溯源于孔德,但到了马赫、波尔兹曼之后的实证论,便有了种种不同的理论内容。洪谦分析这种区别主要有以下三点。

第一,传统实证论把物体的实在只看做"感觉的复合",而非抽象的科学概念所能认识。逻辑实证论则认为,不能从感性知觉的立场,对科学的实在性作出肯定或否定,而是要分析关于物体实在的命题的逻辑意义,关于实在的命题,一定要具有实证的意义。这就既克服了传统实证论的理论弱点,又将哲学上的"实在性"问题,作了逻辑上的说明。

第二,传统实证论认为一切科学的命题并不包含关于实际的真理,科学也不是一种实际的真理体系,科学的主要作用只在于对宇宙事物作简单的叙述或思索。逻

---

① 洪谦:《关于逻辑经验主义》,载《洪谦选集》,吉林人民出版社2005年版,第437页。
② 洪谦:《关于逻辑经验主义》,载《洪谦选集》,吉林人民出版社2005年版,第439页。

辑实证论则肯定科学是实际的真理体系，哲学不过是将这种真理体系内所包含的基本概念加以逻辑的说明，即确定它应有的明确意义，排弃他含混的歧义。这样逻辑实证论就确定了哲学与科学的不同点：科学是研究实际真理的学问，哲学则是研究实际真理的意义的学问。哲学的任务，就在于辨别明确的思想与含混的思想，发挥语言的作用，限制语言的乱用，确定有意义的命题与无意义的命题，辨别真的问题与"似是而非的问题"。或者说："哲学为说明科学的理论问题，科学则为解决科学的理论问题。关于解决方面的问题，是事实问题，是自然科学的任务；而关于说明方面的问题，是'语言逻辑'的问题，则是哲学的任务了。"[①]

第三，传统实证论试图否定甚至取消哲学，逻辑实证论则指出哲学确有其伟大的任务与目的，它对于科学概念的明确意义的说明，并不亚于科学对于实际真理的发现。维特根斯坦和石里克都说，哲学不是科学，而是一种活动。哲学不研究科学的特殊真理，而是研究科学的特殊真理的意义；它也不是研究普遍真理的科学，而是研究普遍的真理意义的活动。这种活动运用逻辑分析的方法或语言分析的方法。一切命题都由科学而证实，由哲学而说明，科学的内容和精神，又完全包含在科学命题的意义之内。所以我们可称"哲学为科学之王"。石里克也说过："哲学是不能蔑视的。"

此外，两种实证论对形而上学都采取反对的态度，但逻辑实证论只否定形而上学在知识理论方面的作用，并不否定它在实际生活方面的意义，并不否定它作为一种生活的基本感情对于了解人生、体验生活的意义。

所以，洪谦认为，我们固然不否认逻辑实证论与传统实证论的渊源关系，但这种渊源关系，应当视为历史的，而不应视为理论的。石里克并不主张用"逻辑实证主义"这个名称，而倾向于称"逻辑经验主义"或"彻底的经验主义"。洪谦指出，"逻辑经验主义的基本观点是经验主义和反形而上学"[②]，逻辑经验主义把数理逻辑作为哲学分析和论证的主要工具。

二、积极推动西方哲学史的教学与研究。

洪谦先生在北京大学哲学系长期担任外国哲学史教研室主任，后又兼任外国哲学研究所所长。几十年来，他孜孜不倦地尽力于这个领域，为推动校内和全国西方哲学史的教学与研究做了大量工作，发挥了领头作用。

1957年3月，他与哲学史教研室同仁合著出版了《哲学史简编》，为教学提供了

---

① 洪谦：《维也纳学派哲学》，载《洪谦选集》，吉林人民出版社2005年版，第31页。
② 洪谦：《逻辑经验主义概述》，载《洪谦选集》，吉林人民出版社2005年版，第443页。

一本简明的教材和参考读物。1957年他发表《应当重视西方哲学史的研究》一文，指出为提高马克思主义哲学素养，加强对唯心论哲学的全面分析与评价，以及在哲学领域赶上国际学术水平，一定要重视对西方哲学史的研究。但在广泛而深入地开展西方哲学史的教学与研究中遇到一定的困难，一是师资和人才的短缺；二是外文图书、资料的严重缺乏，许多哲学原著没有合适的中译本。面对这种状况，洪谦先生一方面积极提出克服困难的具体建议，另一方面便是在教研室组织力量，埋头开展编译工作。从20世纪50～60年代，由他主编，北大哲学系外国哲学史教研室先后编译出版了一系列"西方古典哲学原著选辑"，包括《古希腊罗马哲学》《十六至十八世纪西欧各国哲学》《十八世纪法国哲学》《十八世纪末至十九世纪初德国哲学》。在一段时间里，这套丛书大量发行，成了许多哲学教师和哲学工作者的必备书籍，为西方哲学史的教学与研究提供了重要的依据和参考，在校内外赢得了良好的声誉和影响。

三、努力开展现代西方哲学的研究和批判。

19世纪中叶以来，西方哲学派别众多，它们的哲学活动，是与马克思主义哲学同时代出现和发生影响的。在马克思主义占指导地位的国家里，从学术上如何对待现代西方各种哲学流派和代表人物的思想是一个尖锐而敏感的问题，是简单地拒斥、批判，还是有分析地批判、借鉴是值得认真对待的。早在1957年，洪谦先生就发表了《不要害怕唯心主义》一文，认为真正的马克思主义者是不会害怕唯心主义的，然而，从20世纪50～60年代到20世纪80～90年代，我们却走过弯路，出现了转变。他说，首先要了解情况、掌握材料、知己知彼，才能取得分析、比较、批判、借鉴的发言权。这就需要大量翻译现代西方哲学各种流派的资料、各种代表人物的著作，认真评介各种基本观点和倾向。从70年代末以后，在改革开放的形势下，洪谦先生适应这种学术发展的需要，努力组织和开展了这方面的工作。除了驾轻就熟地继续深入评介维也纳学派和逻辑经验主义之外，他又组织人力，更多方面地进行现代西方哲学的评介工作。1964年，由他主编的《西方现代资产阶级哲学论著选辑》出版，1982年修订后再版。书中编集了意志主义、实证主义、新康德主义、新黑格尔主义、直觉主义、实用主义、存在主义、新托马斯主义等派别有代表性的资料。1993年又出版了他所主编的《现代西方哲学论著选辑》（上册）。此外，为了配合马克思列宁主义哲学原著的学习和研究，配合逻辑实证论研究的需要，他还与唐钺、梁志学合作，翻译出版了马赫所著《感觉的分析》，并在学校专门开设过关于马赫哲学思想的讲座，发表了《马赫哲学的基本思想》《谈谈马赫》《〈哲学家马赫〉译后记》等文章。他所做的所有这些工作，都在校内外发生过重要影响。

（张翼星）

洪谦主要著作：

1. 《维也纳学派哲学》，商务印书馆1945年、1989年版。
2. 《哲学史简编》（合著），人民出版社1957年版。
3. 《逻辑经验主义文集》，香港三联书店1990年版。

王宪钧："符号逻辑"的中国倡导者

王宪钧（1910~1993），1910年4月生于南京，祖籍山东福山。曾入南开大学，上理科一年后入清华大学哲学系。1933年毕业后考上清华大学哲学系研究生，师从金岳霖。1936年赴德国柏林大学留学，1937年和1938年又在维也纳大学和德国敏士特大学进修和研究。1938年回国后，任教于西南联大。1946年起，任教于清华大学。1952年全国高校院系调整后，任北京大学哲学系教授、逻辑教研室主任。历任中国逻辑学会副会长、名誉会长，中国符号逻辑学会理事长，北京市逻辑学会理事长等职。1993年11月病逝于北京。

王宪钧

一

1952年全国高校院系调整时王宪钧由清华来到北大。逻辑学方面同来的教授还有金岳霖、沈有鼎、周礼全先生。金先生任哲学系主任，王先生任逻辑教研室主任。我（宋文坚）1954年毕业留校任教，自此之后和王先生共事近40年。在此期间，王先生给过我太多的悉心教诲、指导和帮助。王宪钧先生在新中国成立后历任中国逻辑学会副会长、名誉会长、中国符号逻辑学会理事长、北京逻辑学会理事长。他对中国逻辑学事业，对中国逻辑的教学、研究和课程改革，对中国逻辑学科工作者的培养、成长，倾注了心血，作出了重要贡献。

2002年，王宪钧先生的学生、国际知名逻辑学者、计算机科学家、北大名誉教授王浩的《哥德尔》一书，由康宏逵译，上海译文出版社出版。王浩在书的中文译本序中，对宪钧先生的为人、治学、事业、贡献有充分和高度的评价。我觉得根据王浩这篇序言，来写写我们对宪钧先生应有的认识真是最好不过。

下面全文摘录"序言"的这一部分，其后则是我的一些说明和补充。

在修改这篇序言的过程中，得悉北京大学王宪钧教授于1993年11月19日逝世的噩耗。他是我一生最亲切的老师，也是译者的老师，我们都深感悲痛。

宪钧师1937年春赴维也纳大学深造，主修数理逻辑，并且成为哥德尔的"集合论公理体系"这门课程唯一正式注册的学生。他是能提供哥德尔当年授课情况的极少数见证人之一。他曾来信告诉我，哥德尔认为有了不完全定理以后一般数理逻辑问题已经无关大局，当他问及下一步该做什么的时候，哥德尔断然答道："现在么，集合论。"他还记得哥德尔向他推荐过几种重要读物，其中有希尔伯特和阿克曼的《理论逻辑基础》及艾尔布朗的学位论文《证明论研究》，也有弗兰克的《集合论初阶》及豪斯道夫的《集合论》。宪钧师在维也纳的时间不很长，但是哥德尔严格的作风和深邃的眼光显然给他留下了终生难忘的印象。

宪钧师早年的一项大功绩是把业已成熟的数理逻辑引进了中国的大学课堂，这种逻辑大大超越了怀德海和罗素的《数学原理》，正转入希尔伯特学派、司寇伦、哥德尔造就的新轨道。不只是我这么看，据译者回忆，沈有鼎教授也作过类似的评断。

1939年秋我考入西南联大，适逢宪钧师回国不久，就要开讲符号逻辑课了。我入学前读过金岳霖的《逻辑》，了解一点罗素的逻辑而又很不满足。按规定，宪钧师这门课只有高年级学生和研究生有权注册选修。可是，他待我格外好，不但允许我旁听，还常常在课外指导我自学更多的读物。他提醒我学逻辑需要看德文著作，1940年暑假将他自己仅有的一本《理论逻辑基础》借给我，用它来边学德文边学逻辑。我二年级再度旁听他的逻辑课，三年级又跟同班的吴光磊一起注册选修。宪钧师讲课不图广博深奥，务求把基本知识和技巧讲得非常透彻。我觉得，正因为那些年基础打得扎扎实实，日后我在哈佛大学才能只用一年时间就完成博士论文。

金岳霖　冯友兰　汤用彤　贺　麟　沈有鼎
陈　康　洪　谦　**王宪钧**　郑　昕　冯文潜

在昆明读研究生的几年中，时不时总要与王宪钧、沈有鼎老师交换学逻辑学哲学的心得，感情十分融洽。宪钧师态度严谨，判断成熟，对我这个新手认清课题难易、任务轻重很有帮助。1946年春我考取公费留学，路过成都，又同前去休假的宪钧师会聚了好几次。不想成都一别，天各一方。虽然断续通信近20年，直到1972年夏天才有了相见的机会。其后每次回国，我们都要欢聚畅谈。1985年北京大学聘我作荣誉教授，他也欣然到场讲话。去年5月我再访北大，差不多天天去他家探望。毕竟他已是83岁的老人，身体相当虚弱，但他的精神依然颇好，思想敏锐、言谈风趣一如往常。返回纽约之后，我还跟他通过几次电话，并未发现异常。可怕的癌症复发，这样快便夺走了他的生命，实在是我一点也没有料到的。

我与宪钧师交往超过半个世纪。和他相处总有如沐春风的感觉，说不出的亲切，说不出的温暖。他为人正直，识大体，戒浮夸，平等对待一切人，和气而不放弃原则，凡事必定仔细权衡轻重。他这些长处让人羡慕，但并非轻易可以学到的。

宪钧师做学问至为诚实谦虚，真正做到了"知之为知之，不知为不知"。尤其难能可贵的是他的思想和语言极其清晰，可以说绝无仅有，凡接触过他的人无不有一种清新和纯洁之感。他讲课和讨论的明白彻底也是常人难以企及的；听听他发表的意见，你就会明白怎样才叫"理解"了一个科学道理。

我的启蒙老师金岳霖、沈有鼎、王宪钧都先后离开了人世。他们是现代中国建树哲学、传播逻辑的先驱。我衷心盼望他们的事业后继有人。

王浩

1994年6月23日

王宪钧先生的曾祖父王懿荣是我国甲骨文的最早搜集者和研究者。1900年八国联军入侵，王懿荣督守京师，城破后自杀殉国。山东福山为纪念他，在其家乡建有王懿荣纪念馆。

宪钧先生1929年上南开大学理科一年级，1930年转学到清华大学哲学系，1933年毕业后读研究生，师从金岳霖先生。关于清华这一段学习，可参看他写的《忆金师》一文，载于刘培育主编的《金岳霖的回忆与回忆金岳霖》一书。

1936年王先生去德国的柏林大学留学，1937年转赴奥地利维也纳大学和德国敏士特大学进修和研究。在维也纳大学期间，他选修当时在该校任教的哥德尔的"集合论公理体系"一课。王浩说，宪钧先生告诉他，整个讲座是介绍可构成集和1935年哥德尔所取得的成果。王浩在《哥德尔》第三章《年谱：中欧（1906~1939）》中说："大约自1930年以来，哥德尔就持续地思考着连续统问题……他一定是在1935年明白了可构成集满足集合论的一切公理，包括选择公理在内。当时他还猜到连续统假设也被满足。""他也不止一次地说过，一旦有了可构成集观念，得出连续统假设并不困难。有一回他甚至说，也许冯诺依曼在他之前已经得到了广义连续统假设的一致性证明。"从王浩这些话可以设想到，宪钧先生从哥德尔那里所接触到的，是当时数理逻辑中最最前沿的研究和结果。

　　1938年宪钧先生回国，执教西南联大哲学心理学系任讲师。1942年被聘为教授，时年32岁。王先生在西南联大开过普通逻辑课。当时西南联大规定，文科一年级都必修逻辑，分两个班上。教这个课的还有金岳霖先生和张荫麟先生。北大教授黄丹森先生跟我说，他1943年由物理系转到哲学系，跟着哲学系一年级的学生上逻辑课，是王先生讲的，在一个大教室里有五六十人，至于教材，都是用金先生著的《逻辑》一书。宪钧先生曾给我讲过，他们那时都是夹着金先生的书去上课，不像现在，大家都编写自己的教材，却都没一点特色。

　　西南联大普通逻辑课用《逻辑》一书，这是延续着金岳霖在清华对大学逻辑课的改革。这对宪钧先生后来倡导逻辑教学现代化有一定影响。金岳霖的《逻辑》批评了传统逻辑之不足，引进了罗素的逻辑演算，讨论了其他相关内容，包括逻辑系统的理论问题，命题的多值，蕴涵的种种理解，主词存在问题，以及书中倡导逻辑精神和逻辑分析，等等。比较我国当时的其他教材，《逻辑》对我国大学逻辑教学的性质作了全新的诠释。《逻辑》作为教材在国际上也很有前瞻性，毫不逊色于当时国外一些著名的教材。

　　在西南联大，除了开有普通逻辑课，宪钧先生还给高年级和研究生开符号逻辑一课。王浩所说王先生"早年一大功绩"，正是就这门课说的。

　　在写本文时，我已找不到相关资料，如这门课的讲义、笔记、能亲听这门课的学生的介绍等，我只能根据一些非直接的材料，对这门课的情况作些推想。王宪钧先生1982出版的《数理逻辑引论》（以下简称《引论》），对了解这门课的情况有莫大帮助，这是我推想的有力依据。

　　《引论》前言中说："本书前两篇逻辑演算部分是以多年来的讲稿为基础编写

的。"我认为,这"多年来的讲稿"是指王先生始自西南联大讲符号逻辑课程的讲稿。这讲稿也在后来他开设相关课程时被沿用。我在大三听王先生数理逻辑课时是有讲义的。不是整本发给我们,而是每堂课发给我们几张刻印的单页讲义。讲义字迹清秀,符号清晰,很似王先生的字体。我当时曾有一疑问而至今未解:这刻蜡纸者是否为王先生本人?我觉得数理逻辑满篇符号,外人想刻是刻不了的,当时很有一些感动,觉得王先生这么大的教授还亲自刻讲义。这里顺带说说宪钧先生给我们讲课的情况,也可佐证王浩对他讲课的评价。王先生不习惯站着不动讲课,而是在教室里走动着讲,还时常侧身坐在学生的座位上讲。我记得二年级上逻辑课时,王先生以学科发展的角度从传统逻辑讲到数理逻辑,讲它们的对应关系,这让我们能很快地适应并体会到数理逻辑的严格和慎密。王先生讲课条理极其清晰,不讲多余的话。当时觉得我们是被他那有节奏感、有顿挫的讲授引领着游历在数理逻辑的殿堂。我多年和王先生接触,聆听他的教诲。他和你讲话,总是把他的意思用小稿纸一条一条写下来,然后一行一行地细细向你交代。

由于《引论》的逻辑演算部分和王先生西南联大符号逻辑课程有直接相承关联,因此,我们就完全可以通过《引论》,来设想他的西南联大符号逻辑课程,并由此探讨出王浩作出评价之依据。下面分两点来说。

第一,关于符号逻辑课程的体系结构。

《引论》分为三篇。第一篇,命题逻辑。第二篇,狭谓词逻辑。第三篇,数理逻辑发展简述。第三篇为1976年开始研究1980年完成的,和西南联大的课程没有直接关系。前两篇的编写则是师承希尔伯特、阿克曼的《数理逻辑基础》的。这后一著作也就是王浩序言中所提到的《理论逻辑基础》,原书是 Grundzüg der Theoretischen Logik,南京大学莫绍揆先生译为《数理逻辑基础》,较符合原著内容。

《数理逻辑基础》(以下简称《基础》)是著名的数理逻辑经典著作。1928年出第一版。1938年出第二版,结构次序未变,仅作了补充、修正。1949年出第三版,修改不多。莫绍揆先生的译本是由第三版译出的。对照《基础》,可以看出《引论》对它的师承。《引论》第一、第二篇所介绍的两个演算,从形成规则、变形规则、公理和系统的证明,到元定理的讨论都沿用了《基础》的内容。但《引论》对逻辑系统的讲述,则完全有自己的考虑和构设,体现着王先生行文、论著的风格。这就是,①章节安排突显着一个逻辑系统的内在结构的严整性,书中对演算系统和逻辑方法,证明工具的讲述,表现为一个协调连贯的整体;②和传统逻辑有明晰的呼应,照顾到某些特定读者;③选用的符号和书写公式的方式较《基础》

更通常、更清楚；④非常注重基本概念的清楚明确；⑤不是满篇平铺，而是条理清晰，层次分明，简洁易读；⑥在体统安排上对《基础》有较多调整和增删。从王浩的序言的评语，从《引论》一书，从王先生给逻辑专门化的讲义，对《引论》的介绍和评点，都可移用于西南联大符号逻辑课的情况介绍上。

《引论》所介绍的是《基础》的逻辑系统中最为实质和最为重要的部分。关于类演算，《基础》第二版序言说对它的研究已无进展，关于广义谓词演算，王先生认为，它只是狭义谓词演算的推广，并不是最基本的。他认为逻辑演算后来的发展在非古典逻辑。这是王先生早有的看法，是符合逻辑发展实际的。

由于希尔伯特·阿克曼的《数理逻辑基础》一书的经典地位，无疑也使王先生早年的符号逻辑课程成为当时国内外最先进的课程之一。

第二，从数理逻辑发展史的角度看西南联大符号逻辑课程。

王浩对王宪钧先生西南联大符号逻辑课程的评价，主要是从数理逻辑发展史的角度来谈的。下面我们依据王先生关于数理逻辑史的分期的见解，来理解王浩评价中的那些话。

《引论》的第三篇是《数理逻辑发展简述》。在这篇中，王先生把数理逻辑的历史分为三个阶段。第一个阶段称作初始阶段，从17世纪莱布尼茨到19世纪末的布尔、德摩根等，其成果是逻辑代数和关系逻辑。第二阶段是19世纪中叶到20世纪初，其成果有集合论的创建，公理方法的发展，逻辑演算的建立，证明提出及其后果。第三阶段是数理逻辑的发展阶段，成果是建立了四个新分支：证明论、公理集合论、递归论和模型论。王先生认为，在第二阶段和第三阶段之间有一个过渡时期，时间是20世纪30年代。他说，在这个过渡期，"主要是通过哥德尔的工作，明确了关键性的概念，发展了教学研究方法，正面或反面地解答了证明论的一些根本问题，获得了丰富的重大成果"，从而促进了数理逻辑新分支的产生。他还说："总之在30年代末数理逻辑已经成熟，它的理论基础已经奠定，成为一门具有丰富内容的学科。我们将称这段时间为过渡时期。"我认为，王浩所说王宪钧先生"把业已成熟的数理逻辑"引入中国，正是指王先生的符号逻辑课所讲授的是这个过渡时期数理逻辑的成果。

我们知道，罗素通常被称为逻辑演算的建立者，但他所建立的演算还不是一个完全自足的逻辑系统。他没有给出全部语法规则，语法语言和对象语言的区别还未被重视。更主要的是，在当时，罗素逻辑演算的元理论研究，即一致性、完全性、判定性都没有结果。这些不足和问题，在希尔伯特、哥德尔那里都得到解决。

金岳霖　冯友兰　汤用彤　贺　麟　沈有鼎
陈　康　洪　谦　**王宪钧**　郑　昕　冯文潜

20世纪20年代，希尔伯特在他的证明论纲领中提出形式语言系统的概念。王先生在他的《引论》第三篇中阐述了这一概念："形式语言系统又称形式系统，是形式公理学更进一步的形式化。由于符号语言已经与其所表达的涵义在某些方面有了精确的对应，原公理系统在这些方面的问题已经可以转换为关于符号语言的问题，因之相对于这些问题，我们可以只考虑符号的种类，符号的排列以及从符号序列到符号序列的变换，而暂时离开它们所表达的意义。"在《基础》一书中，更是给出这一思想的范例，所给出的两个演算都区分了语法语言和对象语言，并用语法语言表述了演算的推演规则。《基础》对逻辑演算的改进和新成果，在《引论》中得到延用，显然这些改进也会体现在王先生的符号逻辑课程中。

罗素建立的逻辑演算不能算作成熟的数理逻辑，主要还出于没有建立起元逻辑研究，没有给出命题演算和狭谓词演算的一致性、完全性证明，也没有解决判定问题。

关于逻辑演算的一致性，《基础》一书中给出了两个演算的一致性（或不矛盾性、协调性）证明，给出的都是语义一致性证明。在《引论》中也介绍了这些证明，此外还介绍了两个演算的古典一致性和语法一致性的证明。

关于命题演算的完全性，在《基础》一书中定义了两种完全性，即语义的和语法的，并说明它们是可证明的，但却解释得非常简略。在《引论》中对两种完全性则给出了系统的、有条理的证明。

关于狭谓词演算的完全性，在《基础》的第一版中还是一个没有解决的问题。它是在1930年哥德尔的论文《逻辑函项演算公理的完全性》中解决的，被称作哥德尔完全性定理。这是语义完全性的证明：在狭谓词演算里凡普遍有效性皆可证。其他两种完全性即古典的和语法的完全性被证明是没有的。王先生在《引论》中对哥德尔完全性定理的证明，给出有序、详尽、清晰和难度极大的介绍，这就是有评论者说的，对"一些历来费解的问题"，"分析是很精彩的"。

王宪钧先生在他的《引论》第二篇，第三章《演绎定量、范式》中，用了较长篇幅介绍了司寇伦范式，为后面的狭谓词演算完全性定理的证明做了准备。

判定问题也是罗素逻辑中没有讨论的。判定就是判定一事物有什么性质，如判定一命题的真假。在数理逻辑中，所讨论的判定问题涉及以下两点：①可证性的判定，即一公式是否可证；②普遍有效性的判定，即一逻辑公式是否永真。判定问题是数理逻辑中极为重要甚至是首要的问题。在两个演算中，命题逻辑的可证性和永真性是可判定的，但在狭谓词演算中，可证性和永真性一般不可判定的，不过其中某些特殊类型的公式，其判定问题是可以解决的。对于这类特殊情况的研究，所得的结果既可以使部分公式的性质得到证明，又可以逐步缩小不可判定的范围。

王先生在《引论》中对判定问题作了展开的讨论，对这方面的研究成果有充分的介绍。这些成果以一些定理的形式，来说明具有什么样形式的公式是可判定的或有它的判定方法等。这些定理在《引论》中都一一给出证明或说明，其中有些定理的证明还涉及到司寇伦范式，应用了司寇伦、累文汉的研究成果。可以看到《引论》这部分也依据了《基础》一书，但要比《基础》讲的层次更清晰且关键概念有明确交代。可以想见，宪钧先生当年在西南联大之讲课、讲义，当亦如今日之《引论》。

这样，我们通过王宪钧先生《引论》一书，以及它和希尔伯特、阿克曼《基础》一书的对照，以及王浩的《哥德尔》一书的《中译本序》，可以对西南联大时期宪钧先生所授的西南联大时期符号逻辑课的情况、面貌、内容有一个大体的了解。从这些了解可以看出，王浩对这一课程所作出的相当高的评价，是非常准确、恰当和有充分理由的。这样，我们也就能对王先生在西南联大时期对中国逻辑发展事业所做的"大功绩"有了更具体的了解。

二

王浩在他书的《中译本序》中，未提及王宪钧先生在新中国成立后对中国逻辑学事业的贡献，因为他不了解中国的情况。实际上，作为西南联大符号逻辑课程的延续，新中国成立后、"文化大革命"前宪钧先生开的数理逻辑课以及"文化大革命"后他著的《数理逻辑引论》一书，都对我国逻辑事业的发展起过重要的无可替代的作用。

前面讲到宪钧先生给北大逻辑专门化开数理逻辑课，这是该时期我国唯一在文科开设的数理逻辑课。逻辑专门化共办了四届。1956年后王先生开始培养硕士生。这些学生都细心读过他的讲义，其中有不少人后来在数理逻辑方面的研究中甚有成就，成为学科骨干和带头人。他们是新中国培养的第一代数理逻辑工作者，由他们又培养了第二代数理逻辑工作者。因而王先生和他的著作对发展壮大数理逻辑工作者队伍，对普及数理逻辑知识，对改造我国大学普通逻辑课的倒退、落后面貌起了重大作用。

1982年宪钧先生的《数理逻辑引论》出版。这本书对中国大学人文、社会科学方面的逻辑工作者有着较大的影响。同时期还出版了胡世华、陆钟万的《数理逻辑基础》，对上述逻辑工作者也有一定帮助。应该说，比较起来，王先生的《引论》应用面和影响更大。在一个较长时期里，至少在20世纪80年代，《引论》对向广大普通逻辑工作者和学生普及数理逻辑知识，提高逻辑水平，起着无可替代的作用。例如，北大和其他一些大学办过一些数理逻辑进修班，还有来北大进修的几十名逻辑教师，都使用《引论》来作教材研读。再如，一些大学还使用《引论》作教材向学生授课。除了没有其他课本之外，《引论》所以具有很大影响，还因为它实在好读。它循序渐进，由浅入深，概念明确，对逻辑运算技巧前后有交代照应、难点讲述透彻。此书第三篇《数理逻辑发展简述》，也是当时唯一的能使我国逻辑工作者了解这门学科各个发展阶段状况的著作。我国逻辑学者对王先生的这部分研究成果有高度评价，说该书"记载着一些新鲜的史实，清楚整理出一些有大影响的概念、方法、学说的演化线索"，说该书"表现出作者的尊重事实和公正"，"而不尽与流行的说法相符"。

这样，王先生《数理逻辑引论》一书的出版，是他对中国逻辑事业的第二大贡献。在一段时期内，它有着无可替代的作用。

改革开放后，王宪钧先生对我国逻辑事业也做出了重要贡献，他是我国普通逻辑教学改革的最早倡导者和有力推动者。

新中国成立后，我国大学全面学习苏联。大学的普通逻辑教学全盘苏化，使用的是苏联的课本或以这种课本为模式编写的教材，讲的是传统形式逻辑和培根、穆勒的归纳法。从以前讲金岳霖的《逻辑》，到讲苏联模式的普通逻辑，这是我国逻辑教学的一次大倒退。这次倒退影响极为深远。其中的一个后果，就是几代的相当部分的逻辑工作者逻辑观念陈旧，难以挣脱苏联模式逻辑的框框。

新中国成立后院系调整，逻辑教师大多集中到北京大学。这些教师一般都从事过或接触过现代逻辑的教学。他们对苏联模式的逻辑课程既不满意，又万般无奈，只能寄希望于苏联能不能出现改变。我1954年毕业并留在逻辑教研室工作。王先生安排我两项任务，一是跟金先生补作毕业论文，二是进修俄语，了解苏联逻辑动态。我现在体会到，这两项任务他都是有考虑的。这个时期，王先生较不担心数理逻辑，原因是他所处的是哲学系；还因为当时数理逻辑没受到普通逻辑课那样的对待；还因为王先生和胡世华先生私交甚好，来往甚密，而胡先生这时已调到科学院数学所，正筹备开展数理逻辑的研究工作；更因为1956年毛泽东有言，数理逻很重要。因此，王先生关注的主要是普通逻辑课的教学。此时他唯一能做的就是等苏联来的消息。他让我查苏联杂志上的逻辑文章，查北大图书馆的俄文选出书目。我记得我告诉他有篇苏联文章肯定关系逻辑（苏联曾把关系逻辑批为资产阶级伪逻辑），他听了十分高兴。1960年出版了马岳译的高尔斯基的《逻辑学》，该书框架仍旧，但肯定了数理逻辑的作用、意义，引进了较多的数理逻辑思想、方法、符号公式、真值表、等值关系的推演、关系命题的形式和推理，等等。王先生更是高兴异常。他认为，逻辑课程改变的时期已经到来。但好景不长，中国社会进入了非常态，"四清"、"社教"、"文化大革命"，教育陷入了完全停顿。

实行改革开放以来，教育走上正轨，中国各学科活动和科研开始复苏，部分学者如王先生的学生张家龙开始批评中国形式逻辑科研和教育的落后，提出形式逻辑要现代化。王宪钧先生对逻辑教学的改革作了最积极、最缜密和全方位的考虑。他1979年在北京召开的第二次全国逻辑讨论会上，作了题为《逻辑课程的现代化》的报告（收入《全国逻辑讨论会论文选集》，中国社会科学出版社1981年版），明确提出"逻辑教学要现代化"的口号。他在报告中说，形式逻辑是学科名称，在我国它也被当做课程名称，里面讲的东西有些不是形式逻辑，如归纳法。他建议把这门课程叫"普通逻辑"，包括演绎和归纳。他指出："目前这一课程内容基本上还是所谓的传统逻辑，加上19世纪50年代的关系推理及密尔五法，是比较陈旧的，目前欧美不这样讲，苏联东欧也不这么讲，他们都增加了数理逻辑的内容。"他说："19世纪末叶以来，形式逻辑亦即演绎法的研究并没有停止，而且得到了丰富和重要的成果。这百余年的成果是不是应该适当地吸收到普通逻辑课程里来呢，是不是在这课程里应该有所介绍呢？答案应该是肯定的。所以我说，普通逻辑课要现代化。"

他还认为，普通逻辑改革的一个障碍是对普通逻辑课程的看法。当时存在两种看法。一种认为，普通逻辑是工具课，目的是提高思维的逻辑性，提高表达能力。他认为，这种看法很容易被片面地理解，从而使这门课程的作用受到不应有的限制。同时，就工具课来说，目前普通逻辑课的内容也不能满足要求。例如，在遇到理论探讨中一些复杂的逻辑问题时，它就显得不中用了。因此，吸收现代演绎法研究的成果是不可避免的。另一种看法认为普通逻辑是基础课、选修课或导论课。王先生认为这两种看法都不够全面、准确。他提出，高等院校的普通逻辑课的目的和作用应该是多方面的，至少有以下一些：①提高逻辑思维能力；②提高识别逻辑错误并从理论上加以说明的能力；③提供批判唯心主义哲学的预备知识；④为进一步研究逻辑学、心理学、方法论和认识论作准备；⑤提供研究语言学的工具；⑥普通逻辑是一门导论课，它应该把形式逻辑的现代发展情况介绍给学生，作为学生选择专业方向的参考。王先生还具体提出改革的设想。他说，对于不同的院系，内容可以不尽相同，难易也可以有区别。我们可以把课程分为两个部分，前一部分讲传统逻辑，后一部分讲现代形式逻辑，但无论如何，改革和提高是必要的，吸收现代成果是必要的，如摹状词理论，量词的理论，主词存在问题，什么是公理方法？它的重要性和意义有哪些？什么是形式语言系统？什么是语法和语义？现代逻辑对于各种内涵逻辑和费晰逻辑等的研究成果等。他认为，如何把这些内容适当地在普通逻辑课程里加以介绍，是值得我们认真考虑的。

王宪钧先生的这一报告，在我国逻辑学界引起很大反响，学界对报告内容和"逻辑教学要现代化"的口号作了积极的肯定。自此之后，中国逻辑学界就普通逻辑课的改革进行了多次会议讨论，提出不少改革方案，推行了多种样式的探索，出版了相当数量和越来越有成效的改革课本，使中国大学的普通逻辑课换了新的容颜面貌。目前这一改革进程还在延续，改革的效果还会更好。

王宪钧先生过世已十五年了。写这篇文章时，脑中满是王先生的身影、言容、风貌历历，我多想再听听他的讲话，再看看他。

（宋文坚）

王宪钧主要著作：

1. 《数理逻辑引论》，北京大学出版社1982年版。

郑昕：康德哲学的热心诠释者

郑昕（1905～1974），原名郑秉壁，别号汝珍，安徽庐江人。南开大学哲学系毕业。1927年初，赴德国留学，就读于柏林大学，1929年转学至耶拿大学，专攻康德哲学。1932年回国，任北京大学哲学系讲师。1936年任副教授，1937年任教授，从事康德哲学的教学与研究工作达30余年。抗日战争期间任西南联大教授。抗战胜利后，一直任北京大学哲学系教授。1956年起兼任北京大学哲学系系主任。曾任全国政协委员、中国科学院哲学社会科学部哲学研究所学术委员、中国哲学会副会长等职。1974年10月病逝于北京。

郑昕

郑昕先生1924年入南开大学哲学系，1927年赴德国，就读于柏林大学哲学系。为了向新康德派大师布鲁诺·鲍赫求教，1929年转入耶拿大学哲学系，在鲍赫教授指导下专攻康德哲学三年。1932年秋回国，一直任教于北京大学，1937年任教授。从1933年起，一直主要讲授康德哲学，历时30余年。新中国成立后，1956年开始任北京大学哲学系系主任，1974年11月病逝。

郑昕先生年轻时受"五四"运动和先进思潮的影响，一直关心民族解放斗争，投身革命运动。1926年，他在广州曾随同革命家孙炳文先生从事革命工作，参加集会活动。他留学德国时，更与旅德共产党人联系，参加工人运动和各种游行、集会。当从德国报纸得悉孙炳文在上海遇难时，他极为悲愤，在《语丝》上发表悼念文章。新中国成立后他一本初衷地靠拢党，拥护社会主义，积极投身各种政治活动,历任北京市人民代表大会代表、全国政协委员、中国科学院哲学研究所学术委员、中国哲学学会副会长等社会职务。

郑昕先生是国内著名康德哲学专家。他在德国期间便开始研究康德哲学,回国后又长期从事康德哲学的教学与研究。他是我国最早专门研究和评介康德哲学的专家之一。从20世纪30年代初开始,他在北大讲授"逻辑学"、"认识论"时,便贯穿着康德哲学的内容,并专门开设康德哲学的课程。在西南联大期间,他开设的课程,除"哲学概论"外,便是"康德哲学"、"康德伦理学"、"康德美学",对康德的"三大批判",他曾轮番讲授。他对康德哲学有自己深切的、融会贯通的理解,正如北大哲学系教授齐良骥先生所说:"我们想起郑昕先生,必定想到康德;说到康德,必定想起郑昕先生。"

郑昕先生唯一的哲学专著是《康德学述》,约19万字,先在《学术季刊》上陆续发表,后于1946年11月由商务印书馆出版,1984年再版。这是我国学术界认真讲解和评介康德哲学的第一部专著,是郑昕先生长期教学与研究的学术成果,主要成书于西南联大期间。他在1945年为此书所写的"序言"中说:"是书成于乱离中之读书杂记。平日随己之所好,心之所记,一一笔之于书,剪裁为文,或可为《纯理性批导》一书提要与诠释。"①在西方哲学史上,康德的哲学和著作,以重大转折而艰深晦涩著称。对康德哲学的诠释和评介,历来有各种不同观点和侧重,往往各执一端。郑昕先生侧重于认识论,深入解说康德的认识论巨著《纯粹理性批判》。他是就原著本身,结合自己的理解,用自己的语言,作提纲挈领、深入浅出的论述,力图使读者能读懂康德,并由此深入康德的哲学大厦。《康德学述》篇幅不大,论理精当,不仅表现了郑昕先生研究康德哲学的深厚功力,而且确实在中国读者和康德哲学之间作了搭桥引路的工作,为中国读者理解和把握康德哲学提供了一条思路,供大家选择和思考。

《康德学述》分为两部分:康德对玄学之批评、康德论知识。前一部分围绕现象与"物自体"的关系,批评传统的形而上学的种种观念,后一部分围绕"先天综合判断如何可能"这个核心问题,展开对经验论与唯理论的讨论,认为康德既批判和扬弃了这两派的片面性弊端,又吸取和融合了这两派的合理性成分,实际建立了一种综合理性与感性并调和唯理论与经验论的独具特色的认识论。郑昕在书的最后部分指出,康德"不是经验论者,因为他由纯悟性建立经验;他不是理性论者,因为他开始即反对与生俱来的观念。他的哲学,既不是经验论,也不是理性论,也不

---

① 郑昕:《康德学述》,商务印书馆1984年版,第1页。

是二者之和，而是二者之改造与再创，于再创之中推翻了两派偏颇的立场。他的哲学立场既不是经验的，也不是独断的，而是批导的"①。这可看做郑昕先生对康德认识论的一个总的评论。他认为康德的认识论是比较深入细致的，这种独具特色的认识论，至今仍值得高度重视和认真研究。康德的纯粹理性批判、实践理性批判和判断力批判这"三大批判"是统一的，他的认识论、伦理学和美学思想形成了一个关于人的真、善、美的完整的哲学体系。郑昕先生在《谈哲学》一文中最后说："人究竟是'万物之灵'，以怀疑分析始，以条理法则终，人能创造知识，自强不息，行己有耻，这叫做人的尊严。哲学的用处，即在使人明白自家的尊严。"②看来这是郑昕先生对康德哲学的一个总的理解。

半个多世纪以来，我国学者对康德哲学的理解和诠释，在郑昕先生的认识论视角之后，虽然经历了不同视角和范式的嬗变，比如有过人类学的和存在论的视角与范式，后两者可能在某些理解的广度和深度上已经超越郑昕先生，但郑先生的视角和范式，是特别贴近康德思想的原著本身来诠释和讲解康德的，至今仍不失其原初的价值，特别是对康德哲学的初学者来说，仍有其不可替代的引导作用。

关于对待康德哲学的态度，郑昕先生有一句名言："超过康德，可能有新哲学，掠过康德，只能有坏哲学。"③ 这是他毕生研究康德哲学的基本动因，也是为后人研究康德的态度提供的一个警句。面对半个多世纪以来现代中国哲学的历史与现状，应当正视不少的曲折和教训，有的可能与对康德哲学的态度有关，仍然值得我们反思。

郑昕先生一生的著述不多，《真理与实在》一文，曾载入《康德学述》作为"附录"，可看做对《康德学述》基本观点的一种说明和补充。

至于郑昕先生的讲课，人们多半不甚满意。笔者听过他讲康德哲学，可能是由于我当时的哲学基础、素养太差，有点丈二和尚摸不着头脑，难以把握要领。据一般反映，他讲课的逻辑性和清晰度与其著述相比有较大的差距。许渊冲先生在回忆西南联大的教学往事时曾说："我在读了艾思奇的《大众哲学》和杜朗特的《哲学故事》之后，很感兴趣，也曾打算改行；但一听郑昕教授的《哲学概论》，却感到不得其门而入，又打消改行的念头了。"④ 郑昕先生语言表达与文字表达的效果相差甚远，这也是一件令人惊异的事。

（张翼星）

---

① 郑昕：《康德学述》，商务印书馆1984年版，第220～221页。
② 郑昕：《康德学述》，商务印书馆1984年版，第8页。
③ 郑昕：《康德学述》，商务印书馆1984年版，第1页。
④ 许渊冲：《诗书人生》，百花文艺出版社2003年版，第235页。

郑昕主要著作：

1. 《康德学述》，商务印书馆1946、1984年版。

冯文潜：执著于教书育人的美学教授

冯文潜（1896~1963），字柳漪，祖籍天津，1896年12月2日生于河北省涿县。1912年考入天津南开中学，1915年毕业。1917年赴美留学，入衣阿华州的葛林乃尔学院主修哲学，副修历史，获学士学位。1920年入芝加哥大学研究院，1922年获哲学硕士学位。1922年5月由美赴德，一年后入柏林大学哲学系继续深造。1928年4月回国，在南京任中央大学讲师，1929年任副教授。1930年任南开大学哲学系教授。抗日战争时期任西南联大哲学心理学系教授，一度代理系主任。抗战胜利后，直到1952年，一直任南开大学哲学系教授兼系主任。1952年任南开大学图书馆馆长，直至1963年。在此期间，还曾兼任天津市历史博物馆馆长。1963年4月病逝于天津。

冯文潜

冯文潜先生在家乡读过两年私塾，后在其父所办的养正小学堂读新学。1912年考入天津南开中学，1915年毕业。在此期间，他一面接受新知识，一面积极参加学生活动，曾与同学共同创办"三育（德、智、体）竞进会"（后改名为"敬业乐群会"），并曾与晚一年入学的周恩来相识，交谊甚笃。他还是著名诗人、西方语言文学家冯至的叔叔。

冯文潜先生于1917年赴美留学，在衣阿华州著名的葛林乃尔学院主修哲学，副修历史，获学士学位。1920年入芝加哥大学研究院学习，1922年获哲学硕士学位。1922年由美赴德，1923年进入柏林大学哲学系继续深造，在那里听过许多著名教授

金岳霖　冯友兰　汤用彤　贺　麟　沈有鼎
陈　康　洪　谦　王宪钧　郑　昕　**冯文潜**

的讲课。触动心灵的授课使他意识到学哲学要能融会贯通，与中国传统哲学所强调的心性修养结合起来，躬行实践，方能有所成就。当时他与中国的留学生陈寅恪、俞大维等人相识，并与周恩来有密切交往，常共同讨论国际形势，认为中国非发奋图强不足以抵御外侮。他还曾徒步旅行，在德国农村和中小城市做社会调查。他在柏林大学研究院攻读哲学达六年之久，于1928年4月回国。

回国后，他先在南京中央大学任讲师，第二年任副教授，1930年回其母校南开大学哲学系任教授，开设西方哲学史、美学、德文等课程。由于学识渊博，又诲人不倦，他深受学生欢迎与爱戴。在讲授西方哲学史时，他主要使用美国人梯利的《西方哲学史》作教材。此书材料丰富，参考书目较为齐全，适合于学生阅读。同时，他也让学生参阅德国人温德尔班著的《西方哲学史》。此书不按编年顺序，而以问题的提出与回答、概念的形成与发展为线索，有利于理论思维的训练与提高。他治学严谨、功底扎实，特别反对那种任意拼凑哲学体系的轻浮学风，斥之为"马戏团里耍碟子"、"玩弄概念游戏"。

在西南联大期间，冯文潜先生任哲学系教授，并曾代理系主任。当时西洋哲学史是哲学组学生的必修课，主要讲从古希腊到近代各种哲学思潮的历史发展。这门课1937～1938年由贺麟先生讲授，以后则一直由冯文潜先生讲授。在《国立西南联合大学校史》一书中记载有在西南联大学习的王太庆先生的回忆："贺麟治哲学史的观点是发展观，要求把各家学说联成一个从低到高的矛盾发展过程。冯文潜是一位纯粹的学者，治学严谨平实，虽然述而不作，但是研究工作踏实，讲授力求从切实的根据出发，以身作则地诱导学生认真学习，于开学初即规定学生不可只听讲课，必须选定一本西洋哲学史著作仔细研读，写出读书报告（中、英文都可），按周交阅。他认真批改，连文法错误都不放过。学生到他家领取报告时，他当面指导，态度既严肃又和蔼，使学生感到不认真学习简直是不道德的行为。"又根据张世英先生回忆，冯先生讲授西洋哲学时，引导学生认真读原著，比如柏拉图的《理想国》，冯先生说："这才是西方哲学史上最最重要的必读之书，要像读《论语》一样地读。"他还向学生传授一种阅读经典著作的方法："每读完一节或一章，就合上书本，用自己的话把原文的大意写下来，个人的心得和评论写在另一旁。"这种方法使学生终生受益。同时，他鼓励和支持学生翻译西方名著，并严格要求，他说："做学问重在严谨扎实，翻译重在忠于原文，有人讲一个哲学家的思想，讲得天花乱坠，但对照原文一看，却错误百出，做学问不先下一番苦工夫，就想六经注我，一步登天，那只能是空中楼阁。"另据曾在西南联大学习的何兆武先生回忆："冯文潜先生教西方哲学史,他给了我很大的启发,让我感觉到,真正理解历史,一定要提升到哲学的高度,不然只知道姓名、年代,你可以知道很多很多零碎的知识,但不一定就意味着你理解了历史。我想任何学问都是这样,最后总得有人做出理论的总结,否则只能停留在纯技术的层面上。"① 在西南联大的任教时期,工作、生活的物质条件极差,冯先生又体弱多病,但他克勤克俭,以身作则,在教学上可谓精雕细刻。由于他学养丰富,兼通中西哲学和美学,讲课时论理清晰,深入浅出,一直获得学生好评。汪子嵩先生回忆说:"最初引起我对西方哲学史发生兴趣的,是在二年级时听南开大学哲学系主任冯文潜先生讲的'西洋哲学史'。冯先生讲课简单扼要、清楚明白。"② 又说:"冯先生讲课非常认真负责,对每位哲学家的主要思想都讲得条理清楚,引人入胜。除了课堂讲授以外,他还指定我们要读一本英文的哲学史教本,写读书笔记,并定期交给他。他不但在理论上指出我们的理解欠缺,还纠正我们写的英文语法错误,还分别要我们去他家里讨论这些问题。这种教学方法有点像中国传统的学院学习法,在当时已经少见。"③ 有的学生认为,他是联大老师中对学生最为关心的一位。1942年,他与黄钰生、陶云逵教授一起,又为南开大学筹备和设立了边疆人文研究室,1944年他任该室主任。这个研究室的任务,是调查云南边疆铁路沿线的社会经济、民情风俗、语言文化等方面情况,供云南省修筑铁路时参考、应用,也是为南开大学开辟一个人文学科的科研阵地。他不辞劳累,"以步当车",来回奔忙于学校和铁路有关部门之间,并亲自采购文具用品,使研究室得以撑持了三年多,并出版了刊物《边疆人文》甲、乙两种共16期,培养、提高了年轻教师调查研究问题的能力,并使他们的研究成果得以发表。

抗战胜利后,南开大学迁回天津。直到1952年全国高校院系调整前,冯先生一直任哲学系教授,兼系主任、文学院院长。他开设的课程以西方哲学史为主,并有哲学概论、逻辑学、美学、西方美学史、柏拉图哲学、德国古典哲学等。1952年全国高校院系调整时,南开哲学系合并到北京大学,冯先生留任南开大学图书馆馆长,汤用彤先生曾认为这种安排不合适,是"人才的浪费",并在《人民日报》发表文章谈及此事。但冯先生却安于职守,认为图书馆是知识宝库,为教学、科研提供充足资料,为广大师生提供精神食粮,因而十分重要。他酷爱读书,能触类旁通,又通晓英、德、法、俄等多国文字,正好在图书馆事业上尽其所长。他为建设图书馆,为促进教学、科研作出了重要贡献。同时,他还兼任天津历史博物馆馆长。

① 何兆武:《上学记》,三联书店2008年版,第100页。
② 汪子嵩:《学术需要自由》,载《亚里士多德 理性 自由》,河北大学出版社2003年版,第526页。
③ 汪子嵩:《中西哲学及其交会》,载《亚里士多德 理性 自由》,河北大学出版社2003年版,第309页。

人类精神的自由反思者

金岳霖　冯友兰　汤用彤　贺　麟　沈有鼎
陈　康　洪　谦　王宪钧　郑　昕　**冯文潜**

冯文潜先生数十年的学术生涯有"述而不作"的特点。他十分谦虚谨慎，从不轻易发表文章，只是集中精力于教书育人，不愿公开发表自己的哲学见解。他身后除留下关于美学和西方哲学史的讲稿外，只公开发表过《中西建筑漫谈》《天才与创造》等几篇文章。

冯先生的学术见解比较集中在美学方面。他对西方美学史，包括柏拉图、亚里士多德和康德、黑格尔的美学思想，都有较详尽的研究，甚为熟悉。同时他深入研究了中国先秦诸子的美学著作和言论，一方面着力进行中西美学思想的比较，另一方面也逐渐形成了自己的某些美学见解。

比如，他从研究"美"（Aesthetics）的方式谈到美的产生和美是否有等差、类别的问题。他认为研究美的方式不外乎两种：一是从外向内；二是从内向外。从外向内，就是以外在的对象为起点，外在对象的某种特征引起主体或欣赏者的某种心情；从内向外，则是以主体或欣赏者的心情变化为起点作出推论。其实，单有外在对象时或单有主体（欣赏者），都不能形成美的经验，只有主客体发生关系后，方有欣赏经验可言，主体方可对主客关系作出判断，说这是美的，那是不美的，等等。他认为在主、客体关系中，人的情感对美的观念的形成有着不可缺少的作用。因为欣赏者的直观，起初还是零乱的飘忽不定的意象，要使之变为整一的意象，需要一种原动力，即情感。只有情感与意象相遇，意象与情趣融为一体，才形成美的观念。美是否有等差与类别呢？这仍与美是属于心还是属于物相关。在冯先生看来，把美看成有等差的仍有两种人。一种是大多数人，总以为美是外在的、属于物的。其实物本身的线条或图像只是美的条件的一部分，并不就是美。一般人容易把美的条件当做美自身，便说有曲线之物较之有直线者为美，有波动曲线者较有静止曲线者为美。这样似乎美就有等差了。其实美的条件无所谓美不美，更谈不上高低之等差。另一种是某些唯心论哲学家。他们将美定义为理性（idea，或译理念）的感性显现，即永恒的理性从感官所接触的事物中显露出来。他们说美有两种特质：无限和自由。自然美的位置最低，因为它有限，并受必然支配，是不自由的。在自然界中无机物不如有机物，有机物中植物不如动物，动物中人最能表现自由与无限，最高的美是人的心灵的表现。这样，艺术之功能就在摒弃自然之束缚，发挥心灵之自由。唯心派往往离开人的直接经验来谈美，就把美谈得玄之又玄。在冯先生看来，凡物皆有其形象，可简称曰"物象"，这种物象可以是自然物，也可以是艺术品。只有在物象所要表现的情感与欣赏者的情感相吻合时，才形成"欣赏经验"，但这种欣赏经验可以是美或美感的，也可以不是美或美感的。在欣赏经验中，除美感的之外，还有悲感的、喜感的、崇高的，甚至于丑的。这些都是欣赏经验的一种，而不是美的一种。总之，冯先生认为，美或美感是各种事物或欣赏经验中一种共同的性质。他的结论是：美既无等差，也无类别。

在《天才与创造》一文中，冯先生分析了天才、灵感与创造之间的关系。天才的成因，一般认为由于遗传或由于后天环境，他则认为由遗传或环境上的原因均不易说明，惟有从其创作上方能窥出天才之究竟；天才的成就在于创造，比如能写人间未能写过的诗，能画人间未曾有过的画。创造又与灵感有关，灵感则往往带有突如其来、事不由己、心情狂热的特点，但灵感又是创造过程中的一个阶段，需要长时间的准备和培养，大致有三方面的必备条件：①富于经验，多属情感化的经验；②善于表现，艺术家的喜、怒、哀、乐，往往任情恣意，不受束缚；③巧于成形，诗词有一定表现方式，要巧于运用韵律。三者缺一不可，且需均衡发展，这得长期努力，绝非易事，所以常人与天才的不同，不是性质的，而是程度的。

总之，冯先生认为，天才之功能在于创造，创造有时表现为灵感，灵感常突如其来，但并非偶成，而是长期积累条件的结果。他的这种见解，不但在美学上，而且在教育领域的培养创新人才上，都是有启发的。

在建筑方面，基于中西美学思想的比较，就建筑与环境的关系，冯先生认为，西方艺术在文艺复兴之后竭力表现人的力量，在建筑上也就"处处要征服自然"，逐渐失去自然的原貌与特征显出人为的痕迹，而中国的建筑则往往体现"天人合一"，与自然相安、相亲，建筑与环境，就像母子一样，彼此关系十分密切，十分融洽。但他并不忽视中国建筑在美学上的缺陷，主张在中西建筑关系上取人之长，补己之短，既不一味仿效西方建筑之形成，亦不单纯墨守中国建筑之陈规。这显然包含相当合理的成分。

（张翼星）

冯文潜主要著作：

1. 《联大八年（1938～1945）》，载《联大岁月与边疆人文》，南开大学出版社2004年版。

后 记

在西南联大时期任教的这一辈哲学大师和名师,一直是我所景仰的人物。20世纪50年代中后期,我在北大哲学系读书时,他们大都还在系里工作。但在那个"阶级斗争"的年月里,师生之间的关系有着层层阻隔,不但在课堂上难以直接聆听他们的教诲,平时实际接触的机会也不多。在某些偶然聚集的场合,或个别接触的机会中,我的感受与获益,曾在哲学系系庆80周年和90周年的纪念文章中谈到过。

经过半个多世纪的历史沧桑,到如今他们的音容笑貌仍然活在我的心里,但在北大校园内,再也见不到他们的身影了。我抱着深深怀念的心情来辑录这个回忆和叙述他们事迹的集子。我并未在西南联大学习过,这里主要依靠和辑录他们的亲属、学生或后辈同行所写的文字,包括宋志明:《阐幽探微、上下求索的金岳霖先生》,周礼全:《怀念金岳霖老师》,李中华:《生命不熄、薪火承传的冯友兰先生》,冯宗璞:《冯友兰先生与西南联大》,汤一介、孙尚扬:《不激不随、至博至大的汤用彤先生》,冯契:《忆在昆明从汤用彤先生受教的日子》,张祥龙:《著译交辉、中西互融的贺麟先生》,刘培育:《沈有鼎先生的贡献》,汪子嵩:《陈康:希腊哲学的中国探究家》,宋文坚:《王宪钧:"符号逻辑"的中国倡导者》。以上除宋文坚的文章是最近撰写未曾发表以外,其他都曾在杂志上发表过。在此表示由衷的感谢。

由张翼星撰写的部分是:《前言》《贺麟先生在西南联大时期的哲学探究》《纯朴、无邪、沉迷学问的沈有鼎先生》《洪谦:"维也纳学派"的中国成员》《郑昕:康德哲学的热心诠释者》《冯文潜:执着于教书育人的美学教授》。文中错误和不当之处,敬请广大读者批评,指正。

张翼星

2011年9月